Cyrus

l'encyclopédie qui raconte 12

CHRISTIANE DUCHESNE • CARMEN MAROIS

Cyrus

l'encyclopédie qui raconte 12

Québec Amérique

Projet dirigé par Stéphanie Durand, éditrice

Conception graphique et mise en pages : Nicolas Ménard
Révision linguistique : Diane Martin
Correction d'épreuves : Flore Boucher
Illustrations : Québec Amérique International

Québec Amérique
7240, rue Saint-Hubert
Montréal (Québec) Canada H2R 2N1
Téléphone : 514 499-3000, télécopieur : 514 499-3010

Nous reconnaissons l'aide financière du gouvernement du Canada par l'entremise du Fonds du livre du Canada pour nos activités d'édition.

Nous remercions le Conseil des arts du Canada de son soutien. L'an dernier, le Conseil a investi 157 millions de dollars pour mettre de l'art dans la vie des Canadiennes et des Canadiens de tout le pays.

Nous tenons également à remercier la SODEC pour son appui financier. Gouvernement du Québec – Programme de crédit d'impôt pour l'édition de livres – Gestion SODEC.

Canada | Conseil des arts du Canada | Canada Council for the Arts | SODEC Québec

Catalogage avant publication de Bibliothèque et Archives nationales du Québec et Bibliothèque et Archives Canada

Duchesne, Christiane, auteur
Cyrus, l'encyclopédie qui raconte / Christiane Duchesne, Carmen Marois.
Public cible : Pour les jeunes.
ISBN 978-2-7644-3511-3 (vol. 12) (Version imprimée)
ISBN 978-2-7644-3512-0 (PDF)
1. Encyclopédies et dictionnaires pour enfants français.
I. Marois, Carmen, auteur. II. Titre.
AG25.D822 2017 j034'.1 C2017-940075-4

Dépôt légal, Bibliothèque et Archives nationales du Québec, 2018
Dépôt légal, Bibliothèque et Archives du Canada, 2018

quebec-amerique.com

Imprimé au Canada

En hommage à mon père
qui a toujours su répondre à mes questions.

C. D.

À tous ceux qui, comme moi,
ont le désir d'apprendre.

C. M.

Au fond, le seul courage qui nous est demandé
est de faire face à l'étrange, au merveilleux,
à l'inexplicable que nous rencontrons.

Lettres à un jeune poète

Rainer Maria Rilke

Qui est Cyrus ?

Très tôt, Cyrus s'est posé des questions sur l'origine du monde, la vie de la planète, les angoisses des hommes préhistoriques, la vie animale, l'univers végétal, le cosmos et le cœur des gens. Curieux comme pas un, il a cherché, il a lu, il a étudié pendant de longues années pour trouver réponse aux mille questions qu'il ne cesse de se poser. Il s'étonne encore des nouveaux phénomènes, s'intéresse aux particularités du monde qui l'entoure.

Ce qu'il aime par-dessus tout ? Partager ses connaissances, en faire profiter tous ceux et celles qui, à toute heure du jour et où qu'il soit, viennent auprès de lui pour l'interroger.

Tout au long des douze tomes de cette encyclopédie à nulle autre pareille, vous rencontrerez des dizaines et des dizaines de curieux qui, comme vous, souhaitent en connaître toujours un peu plus…

Légende

LA TERRE ET L'ESPACE,
PHÉNOMÈNES ET INVENTIONS

LES ANIMAUX, LEURS HABITUDES
ET LEURS PARTICULARITÉS

LES VÉGÉTAUX : ARBRES, FLEURS
ET TOUT CE QUI POUSSE

LES GENS, LEUR CORPS
ET LEUR VIE

CURIEUSES
QUESTIONS

Pourquoi les kangourous ont-ils une poche ?

Prosper Branchu remonte en sifflotant l'allée bordée de rhododendrons qui mène à la maison de Cyrus. Suivi de près par Alice, Gratte-Bedaine accourt en battant de la queue.

— Bonjour, les bêtes, dit le facteur. Votre maître est là ?

Cyrus apparaît, intrigué par le sourire étrange de son ami Branchu.

— Une autre lettre de Tasmanie ! Mais cette fois, avec une adresse de retour, précise l'employé des postes.

— Donnez-moi cela, dit Cyrus d'une voix tendue.

Il voudrait ouvrir tout de suite cette troisième missive venue du bout du monde, mais Branchu l'en empêche.

— En Tasmanie, il y a des kangourous ?

Cyrus hoche la tête.

— Dites-moi... Est-ce vrai que le bébé kangourou ne pèse pas plus de 1 gramme à sa naissance ?

— C'est tout à fait vrai, répond Cyrus, préoccupé par la lettre.

— Expliquez-moi comment un être si fragile peut survivre, et comment, surtout, il parvient à se rendre dans la poche de sa mère. C'est un drôle de principe, vous ne trouvez pas ?

— Un peu primitif, je vous le concède. La poche de la mère kangourou sert à recevoir ce petit, qu'on pourrait qualifier d'embryon. Chez les autres mammifères, le bébé poursuit son développement complet dans un placenta à l'intérieur de l'utérus. Le placenta, c'est la poche nutritive de l'embryon. Chez les marsupiaux, comme le kangourou, la période de gestation dans l'utérus est très courte : de 30 à 40 jours. Le reste du développement se déroule dans la poche de la mère, dans laquelle le petit grimpera et habitera jusqu'à ce qu'il devienne autonome.

— Mais comment fait-il pour s'y rendre, lui, si minuscule ?

— Là, l'aventure commence...

— L'aventure? fait Branchu en fronçant les sourcils.

— Imaginez-vous le voyage! Le bébé kangourou ne pèse que 1 gramme. Il mesure entre 2,5 et 5 centimètres.

— C'est vraiment très petit...

— Il a l'air d'un haricot, tout nu, sans poils. Ses yeux et ses oreilles sont encore très peu développés, mais il possède déjà un formidable odorat. À l'aide de ses courtes griffes, il entreprend de remonter jusqu'à la poche de sa mère...

— ... grâce à son odorat?

— Il semble bien que oui. Il a les narines très largement ouvertes. Il s'agrippe au poil de sa mère et remonte vers la poche. Cela lui prend environ 5 minutes.

— Mais s'il tombe, le pauvre?

— Malheureusement pour lui, personne ne le ramassera. S'il lâche prise, la mère considère qu'il est trop faible pour survivre. Si elle décidait de le ramasser, elle pourrait le tuer net ou le blesser gravement.

— C'est terrible !

— La nature est ainsi faite. Dans le cas, heureusement plus fréquent, où le petit parvient à la poche, il s'y installe et s'accroche à l'une des quatre mamelles de sa mère. Il reste là durant environ 200 jours. À ce moment-là, il sort de la poche, mais revient encore y téter et surtout s'y cacher s'il a peur. À 250 jours, il quitte définitivement la poche, mais continue tout de même à téter sa mère. Il pèse alors entre 2 et 4 kilos. Le sevrage complet se fait vers son premier anniversaire.

— Fabuleux ! souffle Branchu.

— Comme vous dites ! renchérit Cyrus.

On trouve des kangourous en Australie, bien sûr, mais également en Tasmanie et en Nouvelle-Guinée. Il en existe environ 51-53 espèces différentes parmi lesquelles on retrouve les wallabys, les pétrogales et les pademelons.

Qu'est-ce que l'écho ?

— Cyrus, réponds-moi ! crie Cyrus en plaçant ses mains en porte-voix.

L'écho est au rendez-vous et répercute les paroles du savant.

Accompagné de son neveu Tibérius, Cyrus est venu visiter une caverne qu'il connaît bien. Fasciné par les chauves-souris, il aime observer les habitudes de vie de ces étonnants mammifères volants.

— L'écho me surprend toujours, avoue Tibérius. Mais qu'est-ce que c'est, au juste ?

— Pour bien saisir ce qu'est l'écho, il faut d'abord parler de ce qu'est le son.

— Je vous écoute, oncle Cyrus.

— Les sons sont des ondes sonores qui se comportent comme les autres ondes.

— Jusque-là, ça va, dit Tibérius.

— Les ondes sonores voyagent dans l'air et viennent frapper notre tympan. C'est ainsi que nous percevons le son. Mais parfois, les ondes rencontrent un autre obstacle que le tympan…

— Qu'arrive-t-il si les sons rencontrent un obstacle ?

— Il y a réflexion, répond Cyrus. La même chose se produit quand la lumière rencontre un obstacle, par exemple. Les ondes, qu'elles soient lumineuses ou sonores, rebondissent et changent de direction lorsqu'elles frappent un mur.

— Pourriez-vous me donner un exemple concret, tonton ?

— Ce que je veux t'expliquer, c'est que l'effet de retour du son est comparable à celui de la lumière. Songe à l'éclat d'un flash qui frappe un miroir : il est renvoyé tel quel à l'appareil photo.

— Votre explication est lumineuse, cher oncle !

— Très drôle ! riposte Cyrus. Je dois cependant préciser que, selon la nature de la surface sur laquelle le son rebondit, le résultat est différent.

— Ah oui ? s'étonne le garçon.

— Le son qui se répercute sur une surface molle...

— Les murs capitonnés d'une pièce, par exemple ? suggère Tibérius.

— C'est un bon exemple, en effet. Le son, donc, qui se répercute sur une surface molle est habituellement absorbé par cette surface, alors que le son qui rebondit sur une surface dure va revenir et produire un écho.

— Nous y voilà !

— Les studios d'enregistrement sonore sont des endroits où l'on fait en sorte que le son ne « revienne » pas dans les micros. C'est pour obtenir ce résultat qu'on y utilise des murs capitonnés, ainsi que des écrans mobiles qui absorbent les sons.

— C'est ingénieux !

— Dans certaines conditions, comme celles qui se retrouvent ici, poursuit Cyrus, le son peut nous revenir, à peine déformé, et donner ce que l'on appelle l'*écho*.

— Je comprends.

— Il faut cependant qu'il y ait une certaine distance entre le point de départ du son et la surface qui le renvoie.

— Pourquoi ? demande Tibérius.

— Parce que, sinon, notre oreille n'aura pas le temps de faire la différence entre le son émis et le son qui est réfléchi, répond Cyrus. Il faut que le son ait le temps d'aller et de revenir. Notre oreille conserve le son pendant environ un vingtième de seconde.

— Seulement !

— Nous parlons de délais assez courts, dit Cyrus, puisque la vitesse du son est de 340,29 mètres à la seconde. Maintenant, silence. Nous allons nous approcher des chauves-souris…

— Silence, tonton… Auriez-vous apporté un micro pour capter le silence des chauves-souris ?

C'est sur les caractéristiques de retour du son que les scientifiques se sont basés pour développer le sonar (acronyme formé à partir des mots anglais *Sound Navigation and Ranging*), qui est un appareil de détection sous-marine. Selon le temps qu'un son met à revenir, on peut conclure qu'il y a un obstacle à telle ou telle distance.

Pourquoi avons-nous des amygdales ?

— Montrez-moi la lettre ! s'écrie Manfred, heureux comme un enfant.

Cyrus s'exécute, les sourcils froncés.

— Qu'est-ce que c'est que cette salade ! marmonne Manfred. Vous avez reçu des menaces ? « Si tu n'as pas percé le mystère, je te déclarerai nullité mondiale. Dans le cas contraire, je m'inclinerai devant toi. » Dépêchons-nous de répondre à cet hurluberlu : « Mystère percé. Bêtises inventées. Manuscrit faux. N'existent que trois Nornes. Que souhaitez-vous, au juste ? » Qu'y a-t-il, Cyrus ? ajoute Manfred après une hésitation.

— Un mal de gorge qui me torture… Sans doute les amygdales, répond le savant en se raclant la gorge.

— Vous avez encore vos amygdales ? À votre âge ?

— Bien sûr que oui !

— On m'a enlevé les miennes lorsque j'étais tout petit en me disant qu'elles ne servaient à rien !

— Eh bien, elles servent à quelque chose.

— À quoi ?

— Les amygdales dont nous parlons sont les amygdales palatines. Elles sont situées sur le pourtour du pharynx, à l'entrée des voies respiratoires, de chaque côté de la luette. Elles jouent un rôle immunitaire.

— C'est-à-dire qu'elles nous protègent ?

— Elles nous protègent des infections et participent au grand plan de défense général de l'être humain. Les amygdales fabriquent les lymphocytes, des globules blancs dont le rôle est d'assurer la défense de l'organisme contre les microbes. Les lymphocytes servent aussi à nettoyer le sang.

— Les amygdales sont donc très utiles ! s'exclame Manfred.

— Plus encore, elles produisent des anticorps. Elles constituent donc un élément important de notre système immunitaire.

— Sans amygdales, le système n'est donc plus protégé ? s'inquiète Manfred.

— Ne vous en faites pas. Même si on considère que les amygdales sont une véritable usine à globules blancs, elles ne font pas le travail à elles seules.

— Qui les assiste donc ?

— Les ganglions lymphatiques, les amygdales linguales – situées à la base de la langue –, les

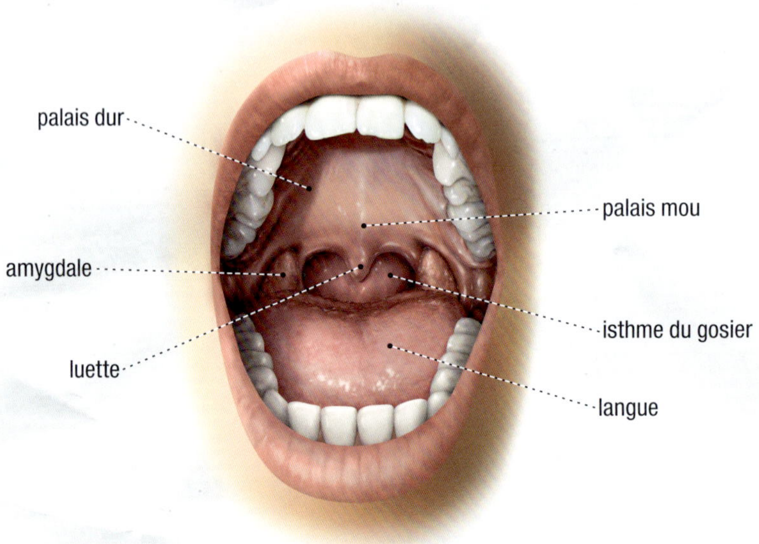

amygdales tubaires – qui se trouvent, elles, autour des trompes d'Eustache –, les amygdales pharyngiennes et la rate.

— Pourquoi enlève-t-on les amygdales palatines ?

— Parfois, elles sont tout simplement trop grosses et gênent ainsi la respiration. On peut avoir à les enlever lorsqu'elles s'infectent trop souvent...

— ... comme c'est le cas pour vous en ce moment !

— Pas suffisamment pour que je les fasse enlever, Manfred. Cela m'arrive une fois aux cinq ans.

— Oh, Cyrus, vous connaissez tant de choses !

— J'ajouterai, pour tout vous dire sur le sujet, que les amygdales nous protègent directement des microbes qui entrent dans notre bouche. C'est une barrière utile... Mon cher Manfred, vous venez de laisser tomber vos lunettes. À propos de notre réponse à cette lettre absurde, venez donc dans mon bureau ; nous nous en occuperons immédiatement. « Cher inconnu, votre ruse n'a pas eu de prise sur moi. J'ai fouillé votre manuscrit avec mon ami, le très célèbre professeur von Klingenhorf.

Vous comprendrez que l'imposture ne résiste pas longtemps à l'œil d'un tel expert… »

— N'oubliez pas de lui demander de s'identifier. J'ai horreur des manifestations anonymes. Et puis, qui sait si ce personnage n'est pas un grand savant que nous aurions intérêt à connaître ? Pour jouer un tour semblable, il faut être érudit…

En grec, l'amande s'appelle « *amygdalo* », du grec ancien « *amugdalê* ». C'est à cause de sa forme, qui ressemble beaucoup à celle de l'amande, que l'amygdale porte son nom.

Comment les coquillages font-ils pour s'agripper aux rochers et former un fossile ?

Ascanio s'est introduit chez Cyrus, qui ne ferme jamais à clé même lorsqu'il s'absente. Soudain, il remarque, sur le bureau de Cyrus, une pierre ornée d'un curieux dessin de colimaçon. Lorsque le savant rentre enfin, Ascanio lui demande comment le colimaçon a fait pour s'agripper ainsi à la roche et y laisser son empreinte.

— Viens t'asseoir, dit Cyrus. Les coquillages ne s'agrippent pas aux rochers en attendant de devenir des fossiles. Pas plus que les poissons ou tout autre corps.

— Quels autres corps ?

— Tu sais, tout peut devenir fossile, même les bactéries. Qu'il s'agisse d'une feuille d'arbre, de l'empreinte

d'un animal, d'un œuf, d'un poisson ou d'une pierre, tout corps peut se fossiliser.

— Qu'est-ce que ça veut dire, « se fossiliser » ? demande Ascanio.

— Cela signifie *se pétrifier*. On pourrait dire « se transformer en pierre ». La fossilisation est un phénomène de la nature, explique Cyrus.

— Mais comment ça se passe ?

— Pour qu'il y ait fossilisation, les choses doivent se faire rapidement, explique le savant. L'objet, ce qui sera fossilisé, ne doit pas avoir le temps de pourrir.

— Mais pourquoi donc ?

— Parce que sinon, la pourriture ferait tout simplement disparaître le poisson ou la feuille, et qu'il n'en resterait aucune trace.

— Quand vous le dites, remarque Ascanio, ça paraît évident ! Est-ce que c'est la même chose pour les empreintes de pas d'un animal ?

— Dans ce dernier cas, répond le savant, c'est un peu différent : s'il y a eu fossilisation, c'est que la pluie ou le vent n'ont pas eu le temps d'affecter l'empreinte.

— Mais qu'est-ce qui arrive vraiment ?

— Ce qui se passe, explique Cyrus, c'est qu'il se fait un dépôt sédimentaire. Les roches sédimentaires se forment à l'embouchure des fleuves et des rivières, ou encore sur les plages où les fleuves ont charrié leurs sédiments.

— Des sédiments ?

— Ce que nous appelons *sédiments*, répond le savant, ce sont des particules qui se sont détachées des roches, soit par l'usure soit par l'érosion.

— Comment est-ce possible ?

— Le froid, le gel, le vent, l'eau, tout concourt, vois-tu, à « user » la roche. Les sédiments, la plupart du temps charriés par l'eau ou par des courants de boue, se solidifient et emprisonnent les éléments qui deviendront fossiles.

— Je commence à comprendre, avoue le gamin.

— Les couches de sédiments, poursuit Cyrus, se déposent au fond des mers, au fond des lacs, s'accumulent les unes par-dessus les autres et forment ainsi, épaisseur sur épaisseur, une matière compacte, une nouvelle sorte de roche. On l'appelle *roche sédimentaire*.

— Ce sont des couches empilées les unes sur les autres…

— C'est ça. Cette matière comprime l'objet, le maintenant en place pour des millions d'années.

— Des millions d'années ! s'écrie Ascanio. Et on les retrouve, après tant de temps ?

— Les fossiles enfouis à d'immenses profondeurs finissent par remonter à la surface du sol sous l'effet de poussées causées par les mouvements telluriques, les mouvements de la Terre.

— Je comprends mieux, maintenant, dit le gamin.

— Ils émergent, poursuit Cyrus, et c'est alors qu'on les découvre. Mais retiens ceci, Ascanio : le fait qu'on retrouve un fossile à tel ou tel endroit ne signifie pas que c'est à cet endroit que l'objet a été fossilisé.

— À cause du mouvement constant de la Terre. J'ai compris, monsieur Cyrus.

C'est grâce aux fossiles que nous pouvons connaître les plantes et les animaux qui vivaient sur notre planète il y a des millions d'années. On a récemment découvert au Groenland des stromatolithes, des formations datant de plus de 3,7 milliards d'années.

Est-ce vrai que Vénus tourne dans le mauvais sens ?

— Gabriella devrait rentrer demain ? demande Manfred à Cyrus.

— Demain dans la soirée, m'a-t-elle dit au téléphone.

— Elle vous a téléphoné ! fait Manfred, surpris.

Les deux hommes rentrent du marché, les bras chargés de sacs.

— Seriez-vous jaloux, mon cher Manfred ? Ou bien vous languissez-vous trop de Wilbrod le fantôme ? Il n'a pas bougé ?

— Mettons les choses au clair : je ne suis pas jaloux, mais ce fantôme me manque. J'apprécie

la présence de Gabriella, mais elle est bien trop jeune pour moi ! Une vraie Vénus, en brun acajou !

— C'est une très belle femme, approuve Cyrus.

— À propos, dit Manfred, fidèle à ses coq-à-l'âne, est-il vrai que Vénus ne tourne pas dans le même sens que les autres planètes ?

— C'est vrai, mais de là à vous dire exactement pourquoi… Je peux tout de même vous faire part de ce que je connais de cette planète, qu'on a longtemps qualifiée d'étoile. On l'appelle d'ailleurs parfois l'*étoile du Berger*. On la reconnaît aisément, car c'est elle qui brille le plus intensément après le Soleil et la Lune. Mais on ne la voit qu'à l'aube et au coucher du soleil, et c'est pour cette raison qu'on l'appelle l'*étoile du matin* ou bien l'*étoile du soir*. Mais Vénus est bel et bien une planète.

— Pourquoi tournerait-elle à l'inverse de toutes les autres planètes ? insiste Manfred.

— On ne le sait pas vraiment. Les planètes du système solaire tournent toutes sur elles-mêmes dans le sens inverse des aiguilles d'une montre, alors que Vénus fait le contraire. Des savants ont présumé que, pendant que le système solaire se formait, il y a quelque 5 milliards d'années, Vénus serait entrée en collision avec une autre planète. Laquelle ? Nous l'ignorons. Mais le résultat aurait été le suivant : Vénus aurait été arrêtée dans sa course par un autre corps céleste et, selon toute vraisemblance, se serait remise à tourner dans le mauvais sens.

— C'est vrai ?

— J'ai longtemps trouvé que cette théorie se tenait. Mais, aujourd'hui, bien des savants la réfutent. C'est en 1962, pendant que l'on sondait par ondes radio la surface de Vénus, que l'on s'est rendu compte qu'elle tournait dans le sens inverse des autres planètes. On connaît donc la situation, mais on n'arrive pas à l'expliquer de façon certaine.

— On cherche toujours, alors ?

— Les astronomes s'acharnent à percer le mystère… On étudie les planètes dans tous les sens, avec les merveilles technologiques que nous offrent les satellites récents.

— C'est vraiment merveilleux ! s'exclame Manfred.

— C'est ainsi qu'on a découvert qu'elle se serait peut-être retournée sur elle-même, qu'elle tournerait dans le même sens que les autres, mais la tête en bas. On étudie aussi le fait que la densité de son atmosphère soit responsable du fait qu'elle tourne dans le sens des aiguilles d'une montre.

— Que savons-nous de plus ?

— Nous savons, par exemple, que Vénus tourne très lentement.

— Plus lentement que la Terre ?

— Oh oui ! La Terre fait en 24 heures un tour sur elle-même. Vénus, elle, met 243 jours terrestres à effectuer un tour complet sur elle-même. Comme elle ne prend que 225 jours pour effectuer son orbite autour du Soleil,

une année de Vénus est donc plus courte qu'un jour.

— Mais c'est très embêtant pour célébrer les anniversaires !

— Les Vénusiens n'ont pas encore porté plainte ! dit Cyrus en riant.

— Vous croyez aux extra-terrestres ? lance Manfred.

— Pas plus qu'à vos fantômes ! réplique Cyrus. Est-ce que mes explications vous ont éclairé ?

— Je sais maintenant que Vénus tourne à l'envers, ça va. Mais le jour où vous apprendrez pourquoi, dites-le-moi immédiatement. Je suis curieux de le savoir !

Vénus est la planète la plus chaude de tout le système planétaire. Sa température moyenne atteint entre 460 et 470 °C. Elle est située à 108,2 millions de kilomètres du Soleil.

Pourquoi notre peau se ride-t-elle lorsqu'on vieillit ?

— Mon apparence a toujours été le moindre de mes soucis, confie mère Marie-Madeleine à Cyrus, mais je vous avoue que la vue des nombreuses rides qui apparaissent sur mon visage me désole.

— Vous savez, dit le savant, que c'est un phénomène normal, inéluctable. Autant en prendre tout de suite votre parti.

— J'aimerais bien que vous m'expliquiez ce « phénomène inéluctable », comme vous le dites. Cela m'aiderait peut-être à mieux accepter cette regrettable évidence.

— La peau est composée de plusieurs couches. Celle qui se trouve en surface, l'épiderme, n'a pas toujours la même épaisseur. La matière qui la constitue, c'est la kératine.

— Comme pour les cheveux et les ongles ?

— Oui. Et qu'y a-t-il sous l'épiderme?

— Le derme, répond l'abbesse.

— En effet. Le derme est complexe: il contient du tissu conjonctif, des follicules pileux, des glandes sébacées, des nerfs et des glandes sudoripares. Il est irrigué par des vaisseaux sanguins et par des vaisseaux lymphatiques.

— Tant de choses!

— On pourrait presque dire que le derme est un concentré de collagène. C'est la protéine la plus abondante dans tout le corps humain. Le derme

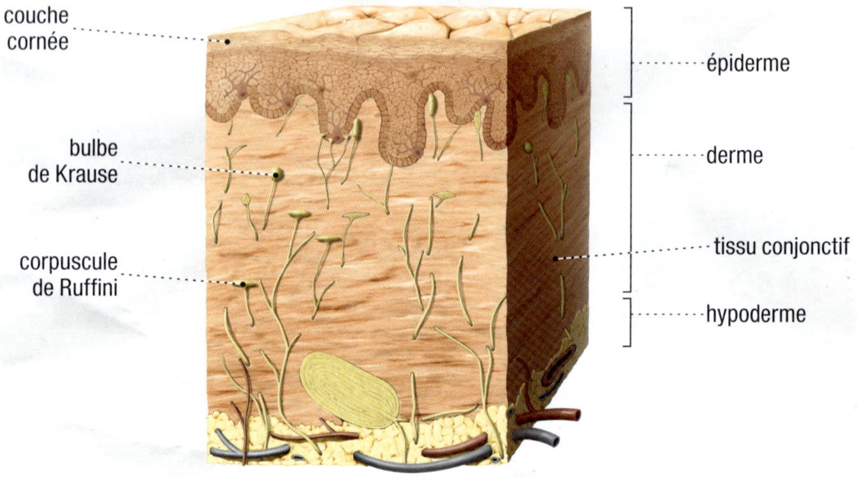

contient aussi de l'élastine, une autre protéine, qui donne à la peau son élasticité.

— Je vois, dit mère Marie-Madeleine.

— À partir de l'âge de 30 ans, poursuit le savant, les fibres de collagène deviennent de plus en plus fines et s'altèrent lentement.

— C'est ce qui fait que ma peau se ratatine ?

— Ce phénomène entraîne une rigidité dans la structure de la peau, réduit sa capacité d'absorber de l'eau et diminue les apports d'oxygène et de substances nutritives.

— Je vois, très cher, que vous préférez vous en tenir aux explications neutres, dépourvues d'émotivité.

— En même temps, poursuit le savant sans se laisser distraire, les fibres d'élastine se désintègrent.

— Quel horrible mot !

— Il y a donc perte d'élasticité de la peau et cassure dans le derme : ce sont les rides.

— Ces détestables marques de notre jeunesse envolée…

— Oui, admet le savant. Et toutes ces crèmes, vendues à prix d'or et dont on nous vante tant les vertus, ne servent à rien, sinon à remplir les coffres des laboratoires qui les fabriquent. Le vieillissement est un phénomène naturel que personne, jusqu'à maintenant, n'a réussi à enrayer.

— Elles sont vraiment inutiles, ces crèmes ? demande la moniale, dépitée.

— Elles hydratent la peau et retardent tout de même l'évaporation de l'eau, dit le savant.

— Que c'est triste !

— Certaines crèmes antirides ont pour effet de faire gonfler très légèrement la peau, de sorte qu'elles l'« étirent » et donnent l'impression que la ride a diminué.

— Mais d'autres facteurs que l'âge provoquent le vieillissement de la peau…

— Les rides viennent aussi des habitudes ou des tics du visage : une personne soucieuse aura souvent des rides entre les sourcils à force de les froncer.

Le climat dans lequel on vit, son degré de sécheresse ou d'humidité, a aussi beaucoup d'importance. Le soleil est en grande partie responsable des rides.

— Bon ! Le soleil... ! On ne peut quand même pas passer sa vie à l'ombre ! rouspète mère Marie-Madeleine.

— Finalement, les peaux ne sont pas toutes semblables, rappelle Cyrus. Il y a des peaux plus fines, plus grasses ou plus sèches que d'autres. L'hérédité joue un rôle déterminant dans la nature de la peau.

— Je vois... et je me résigne. Merci, mon ami.

Comme l'eau est éliminée dans l'urine, le fait d'en boire beaucoup ne donnera pas plus d'élasticité à la peau.

Pourquoi, dans une année bissextile, est-ce en février qu'on ajoute une journée ?

Dans le train qui les ramène, mère Marie-Madeleine et Cyrus raffinent le menu qu'ils ont élaboré pour le retour de Gabriella et de Paola.

— Elles rentrent au Brésil bientôt ? demande la moniale.

— Dans une semaine.

— Manfred va s'ennuyer !

— Manfred retourne dans son Allemagne natale quelques jours seulement après le départ de Gabriella. Mais nous avons convenu qu'ils reviendraient en février prochain. Ce sera une année bissextile, et nous avons décidé de célébrer ensemble la curieuse journée qu'est le 29 février.

— Pourquoi cette date ?

— C'est une longue histoire !

— Nous avons le temps ! Encore 45 minutes de train…

— On a toujours cherché à mesurer le temps afin d'organiser la vie quotidienne. Trois unités naturelles ont ainsi été définies : le jour, qui correspond à la rotation de la Terre sur elle-même ; le mois, associé au mouvement de la Lune autour de la Terre ; enfin, l'année, qui s'accorde au mouvement de la Terre autour du Soleil.

— Mais il y a eu bien des façons de mesurer le temps, souligne mère Marie-Madeleine.

— La durée réelle d'une année est de 365 jours et un quart. Les Égyptiens, se basant sur les phases

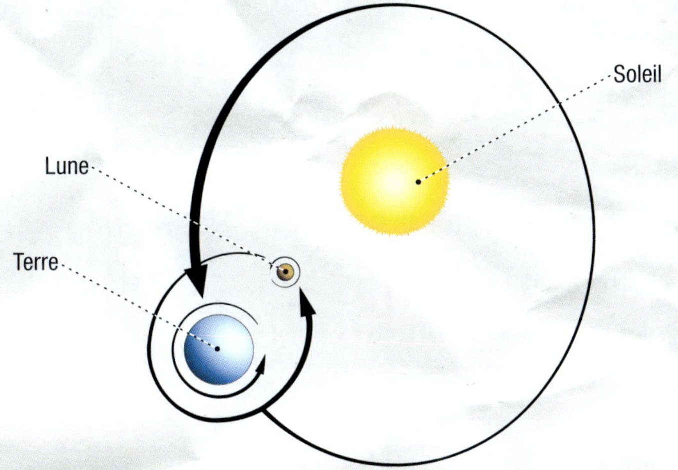

de la Lune, les crues du Nil et, par la suite, sur les saisons, avaient défini une année de 365 jours : 12 mois de 30 jours, avec 5 jours flottants qu'on nommait *épagomènes*.

— Joli nom ! remarque l'abbesse.

— Lorsque les Romains conquirent l'Égypte, ils imposèrent leur propre calendrier : 4 mois de 31 jours et 6 mois de 30 jours…

— Pour un grand total de 10 mois ?

— Oui, et une année de 304 jours, encore plus courte que celle des Égyptiens. On dut donc ajouter 2 mois, janvier et février, et changer le nombre de jours de chaque mois pour arriver à une année de 355 jours, ce qui ne correspond pas encore vraiment aux observations astronomiques. Le mois de février était le 12e mois de l'année romaine, mois des morts et de la purification.

— Tout cela tournait de façon légèrement chaotique !

— Et comment ! Il fallut procéder à une réforme sérieuse du calendrier. En l'an 46 de notre ère, lors de la création du calendrier julien, on arriva au résultat suivant : il faudrait une année de 365 jours et un quart. Ce quart de journée étant difficile à gérer, on a décidé qu'il y aurait 3 années de 365 jours et, tous les quatre ans, une année de 366 jours. Les 4 quarts de journée se trouvaient ainsi rassemblés en une seule journée, supplémentaire.

— Tout cela ne m'explique pas pourquoi le 29 février…

— Rappelez-vous que le mois de juillet s'appelle ainsi en l'honneur de Jules César. Quand le petit-neveu de celui-ci, l'empereur Auguste, a pris le pouvoir, il a voulu qu'un mois porte aussi son nom. Il a donc changé le nom du mois « sextilis » pour Augustus. Mais juillet comptait 31 jours, et août, 30. Auguste ne voulant pas être en reste, il a ajouté un jour à son mois d'août, enlevant du coup un jour à février.

— Mais pourquoi février ?

— Je vous l'ai dit, février était le mois des morts, le mois que personne n'aimait vraiment.

— Et lorsqu'on arrivait à l'année bissextile, je suppose qu'on a jugé normal de placer le jour supplémentaire en février, puisque tous les autres mois avaient un nombre presque égal de jours.

— Voilà ! déclare Cyrus.

Le calendrier grégorien, que nous utilisons aujourd'hui, ne présente que d'infimes différences par rapport au calendrier julien des Romains.

Est-ce que les chats retrouvent toujours leur maison ?

— Ascanio, demande Cyrus par-dessus la haie, aurais-tu vu Alice ?

— Non, répond le petit garçon. Vous l'avez perdue ?

— C'est-à-dire que… Je ne l'ai pas vue depuis hier soir et, oui, je m'inquiète un peu.

— Ne vous en faites pas, monsieur Cyrus. Elle ne doit pas être bien loin. Et puis, ajoute Ascanio, est-ce qu'on ne dit pas que les chats retrouvent toujours leur maison ?

— Malheureusement, répond Cyrus, il est faux de dire que les chats retrouvent toujours leur maison. Il peut leur arriver un accident en cours de route.

— C'est vrai, ils peuvent se faire frapper par une voiture, admet Ascanio, tout triste.

— Ou se faire blesser de toutes sortes de manières, ajoute Cyrus. Ils peuvent aussi être attaqués par un autre animal.

— Je n'y avais pas songé.

— C'est pourquoi, Ascanio, si un jour tu as un chat, je ne te conseille pas de le perdre exprès, juste pour voir s'il va revenir !

— Ça ne me viendrait jamais à l'esprit, avoue le petit garçon.

— Malgré ce que j'ai dit, poursuit Cyrus, il est vrai que les chats sont exceptionnellement doués pour retrouver leur maison.

— C'est quand même impressionnant, non ?

— Tu as bien raison. Mais, tu sais, il n'y a pas que les chats qui ont cette faculté. On rapporte aussi le cas de chiens ayant parcouru des kilomètres afin de retourner chez eux.

— Des chiens ? s'étonne Ascanio.

— J'ai entendu parler d'un chien qui rentrait tous les soirs à son ancienne maison, même après que son maître eut déménagé 5 kilomètres plus loin.

— Les chiens sont fidèles, n'est-ce pas, monsieur Cyrus ?

— Oui, Ascanio. C'est le cas de mon Gratte-Bedaine, en tout cas. Quoi qu'il en soit, poursuit le savant, il importe surtout de savoir que les chats sont des animaux qui ont des habitudes marquées.

— Que voulez-vous dire ? demande Ascanio.

— Que leur territoire est très important pour eux et qu'ils y tiennent. Aussi, plutôt que de décider de s'installer sur un nouveau territoire, ils vont instinctivement essayer de retrouver celui qui était le leur.

— Alors, il n'y a pas à s'inquiéter de l'absence d'Alice, conclut Ascanio.

— Ce n'est malheureusement pas aussi simple. Tu vois, Ascanio, on a fait toutes sortes d'expériences pour étudier ce curieux comportement des chats.

— Et ?

— Dans l'ensemble, on ne peut pas parler d'expériences absolument concluantes. Il y a, bien sûr, tous ces cas où, semble-t-il, des chats ont parcouru 50, 100 et même 300 kilomètres afin de retrouver leur maison.

— Vous voyez bien !

— La question qu'il faut se poser est celle-ci : est-ce vraiment le bon chat qui est là, devant nous ?

— Pourquoi une telle question ?

— Parce que deux chats peuvent se ressembler énormément. Pour peu qu'on tienne à retrouver un chat qu'on n'a pas vu depuis des mois, on croira le reconnaître si un chat errant se présente à notre porte. À condition que ce chat ressemble au nôtre !

— Et le chat errant, comme Sashimi, sera ravi, car il aura trouvé une bonne maison où on le nourrit, conclut Ascanio. Écoutez, monsieur Cyrus ! On dirait des miaulements.

— Mais oui ! Ils proviennent des soupiraux de la cave. J'y suis descendu hier soir et, par mégarde, j'ai dû y enfermer cette pauvre Alice. Viens, Ascanio ! Allons la délivrer !

On sait bien que les chats n'aiment pas l'eau. Toutefois, ce sont d'excellents nageurs qui n'hésitent pas à se jeter à l'eau dans le cas où ils y sont forcés.

Dans les pays chauds, est-ce que les feuilles des arbres tombent ?

— Branchu ! crie Cyrus. Vous avez quelque chose pour moi ?

Rien qu'à voir l'allure du facteur, qui court en agitant une enveloppe jaune au bout de son bras, Cyrus sait que l'inconnu de Tasmanie lui a répondu.

— Donnez, donnez vite, fait le savant.

Il ouvre l'enveloppe d'un geste vif.

— Après votre lecture, j'aurai une question à vous poser, dit le facteur.

Cyrus parcourt des yeux la lettre. « J'ai voulu tester ton savoir. J'en ai assez qu'on t'encense dans le monde entier alors que je végète ici, au fond de la Tasmanie. Tu te rappelles nos duels scientifiques à l'université… »

Sans poursuivre, Cyrus va à la signature : Arnold Casse.

— Ça va ? demande Prosper Branchu.

— Ça va aller ! soupire Cyrus. Mais, Dieu, que la race humaine est mal faite ! Un jaloux ! Arnold Casse !

— Casse ? Drôle de nom, dit le facteur. Ça fait un peu raté, non ?

— Tout à fait. Raté, monsieur Casse, et jaloux. À son âge… Excusez-moi. Vous aviez une question, Branchu ?

— C'est ma femme qui m'a demandé hier soir si les arbres des pays chauds perdaient leurs feuilles, et je n'ai pas su répondre. J'ai dit qu'ils les perdaient sûrement, car un arbre ne peut pas vivre toute sa vie avec les mêmes feuilles… Mais je n'ai pas pu lui en dire plus.

— Vous avez parfaitement raison, Branchu. Un arbre ne peut pas passer toute sa vie à entretenir les mêmes feuilles.

— Mais les conifères…

— Les conifères ne perdent pas toutes leurs aiguilles en même temps, mais ils les perdent tout de même. Ainsi en va-t-il des arbres des pays chauds.

— Racontez-moi…

— Dans les pays froids, l'ensoleillement diminue à l'arrivée de l'hiver, ce qui empêche les feuilles de poursuivre leur travail de photosynthèse. L'eau du sol gèle, l'arbre ne peut plus en retirer les substances nutritives dont il a besoin. À l'automne, toutes les feuilles des feuillus tombent.

— Je présume que dans les pays chauds, les conditions étant plus favorables…

— Vous avez mis le doigt dessus. Dans les pays chauds, les variations de température ne sont pas aussi grandes que dans les pays froids. Les heures d'ensoleillement sont plus constantes. La chute des feuilles ne se fait donc pas à cause d'un changement brusque dans les conditions climatiques.

— Comme vous le disiez dans le cas des conifères, les feuilles tombent, mais un peu n'importe quand.

— Lorsqu'une feuille tombe, une autre la remplace. Les arbres des pays chauds perdent donc bel et bien leurs feuilles, mais de telle manière qu'elles sont toujours remplacées par de nouvelles. On ne voit jamais d'arbres complètement nus.

— Un peu comme les cellules de notre corps qui se renouvellent constamment ou comme nos cheveux qui poussent et qui tombent, mais pas tous en même temps ?

— Sauf dans mon cas !

— Oh ! pardon !

— Mais non, mon bon Branchu, vous savez bien que je ne suis pas susceptible !

— Je vous remercie infiniment. Je n'étais pas très loin de la vérité, pour une fois, quant au phénomène de la chute des feuilles…

— Au revoir, Branchu. Si vous saviez comme j'ai hâte de révéler l'identité de notre correspondant anonyme à Manfred ! Malheureusement, il est parti pour deux jours…

Les aiguilles des conifères résistent
aux rigueurs de l'hiver, car elles sont
recouvertes d'une couche protectrice
qui leur donne une grande résistance
au vent et au froid.

Est-ce que les méduses piquent vraiment ?

— Bonjour, Volmar ! salue Cyrus.

Le savant est venu se promener avec Gratte-Bedaine sur la plage.

— Bonjour, monsieur Cyrus. Vous ne vous baignez pas ?

— Pas aujourd'hui. Je suis simplement venu dégourdir mon bon vieux Gratton. Je trouve qu'il s'empâte un peu.

— Mais non, le rassure Volmar. Ce chien est toujours le plus beau de la terre !

Ravi de l'attention dont il est l'objet, Gratte-Bedaine remue joyeusement la queue.

— Et toi, Volmar, demande le savant, tu n'es pas dans l'eau ?

— J'hésite, monsieur Cyrus. Hier, j'ai été piqué par une méduse. Ça m'a fait très mal. Aujourd'hui, j'ai peur de retourner dans l'eau.

— Ne t'inquiète pas trop. C'est vrai que la piqûre de certaines méduses peut être douloureuse et même très dangereuse, mais les méduses piquent rarement les baigneurs, tu sais.

— Ah bon ? s'étonne le garçon.

— La plupart des méduses sont inoffensives. Elles ne feraient pas de mal à une mouche !

— N'empêche qu'hier j'ai bel et bien été piqué, réplique Volmar.

— Ce ne sont pas des animaux qui attaquent spontanément. Elles sont même plutôt paresseuses.

— Mais elles piquent !

— Seulement quand elles se sentent attaquées ! Lorsqu'on se fait piquer par une méduse, on ressent une vive brûlure.

— Ça, dit Volmar, je le sais !

— Mais lorsqu'on perçoit cette sensation désagréable, la méduse est déjà loin.

— Comment attaque-t-elle ? demande Volmar.

— N'oublie pas que nous ne parlons que des méduses qui piquent. Le principe est le suivant : la méduse possède des tentacules particuliers. Chacun de ces tentacules possède des « sacs à venin ».

— Je le savais !

— Le venin est plus ou moins toxique selon le type de méduse, explique Cyrus. Lorsque la méduse est attaquée, ou lorsqu'elle a repéré un prédateur, elle décharge ses sacs à venin dans de longs filaments pourvus de crochets.

— Et alors ?

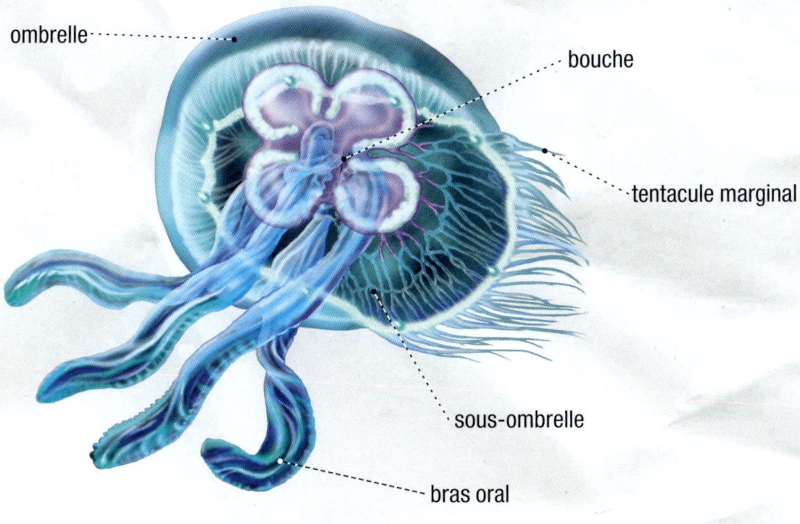

— C'est par ces filaments qu'elle injecte son poison, continue le savant. Comme elle possède plusieurs tentacules, elle attaque sa proie à plusieurs endroits en même temps. C'est ainsi qu'elle vient à bout de poissons assez gros par rapport à sa propre taille.

— Mais quand elle attaque les baigneurs ? demande Volmar.

— Sa piqûre peut causer une sensation de brûlure, c'est vrai, mais aussi des douleurs plus vives et des affections de la peau.

— Vous voyez bien !

— Dans le cas des cuboméduses, la piqûre est très grave et il faut agir vite. Elles vivent dans les mers d'Asie du Sud-Est, ainsi que sur les côtes de l'Australie.

— On est loin de la gentille méduse dont vous parliez, remarque Volmar.

— La cuboméduse la plus dangereuse a la taille d'un chou. On l'appelle la *guêpe marine*. Elle est capable de tuer un être humain en 15 minutes seulement ! Elle tuerait 5 fois plus d'humains que les requins, tu t'imagines ?

— Merci de toutes ces précisions et bonne promenade, monsieur Cyrus.

Si certaines méduses sont tellement dangereuses, il faudrait pouvoir les éviter. Mais justement, le fait qu'elles sont translucides, donc presque invisibles dans l'eau, les rend encore plus dangereuses ! Il existe en Micronésie un lac où vivent plus de 8 millions de méduses, mais elles sont non venimeuses. On l'appelle à juste titre le *lac aux méduses*.

Qui fut le premier météorologue ?

— Je trouve tout cela d'une bêtise incommensurable ! déclare tout de go Manfred von Klingenhorf. Arnold Casse !

— Vous vous rappelez comme il avait été brillant au congrès de Tokyo ! ajoute Cyrus.

— Cela prouve une chose, mon cher ! Les génies sans âme se transforment parfois en mauvais génies !

— Comme vous avez raison ! Il est rongé par la jalousie au point de me mettre au défi de déchiffrer un manuscrit qu'il a créé de ses propres mains !

— Et de vous envoyer des lettres de menaces…

— … pas très graves, remarquez bien, souligne Cyrus. Allons nous mettre à l'abri, Manfred. Le ciel vire au noir.

Les deux hommes marchent rapidement vers le café Candide.

— Je ne remarque jamais qu'il va pleuvoir avant qu'il pleuve, soupire Manfred. Alors que vous, vous sentez le temps sur le bout de vos doigts.

— Je suis peut-être un météorologue-né !

— Le premier, c'était qui ?

— Le premier quoi ?

— Le premier météorologue, voyons ! répond Manfred en entrant dans le café.

— On ne peut pas vraiment dire qui fut le premier des premiers. C'est comme l'inventeur de la roue, Manfred, ou le premier mangeur d'escargots…

— Pourtant, il doit bien y avoir quelqu'un qui, un jour, s'est posé des questions sur les conditions météorologiques !

— Figurez-vous qu'Aristote, notre cher philosophe grec curieux comme pas un, a écrit, vers l'an 350 av. J.-C., un traité intitulé *Les Météorologiques*.

— Vous êtes sérieux ? Il aura vraiment tout fait, cet Aristote ! s'exclame Manfred, le souffle coupé.

Devant deux cafés fumants, Cyrus poursuit ses explications.

— Non seulement ce traité a-t-il été reconnu, mais c'est à lui qu'on s'est référé pendant des siècles en matière de météorologie. À cette époque, et pendant les siècles qui ont suivi, on ne disposait pas d'instruments très précis pour évaluer la vitesse des vents, les variations de température, les baisses et les hausses de pression, bref tout ce qui peut nous aider à prévoir le temps !

— À quel moment a-t-on réussi à développer des instruments utiles ? demande Manfred.

— C'est Galilée qui, le premier, a inventé un instrument permettant de mesurer la température. C'était en 1641.

— Le thermomètre !

— Le thermoscope, corrige Cyrus. Pas exactement un thermomètre, mais presque.

— Ensuite ? demande Manfred.

— Ensuite, Torricelli fabriqua le thermomètre qu'il baptisa d'ailleurs *thermomètre de Galilée*. Il inventa également en 1643 le baromètre à mercure, appareil servant à mesurer la pression atmosphérique.

— Et encore ? dit Manfred.

— On inventa le pluviomètre pour mesurer la quantité de pluie tombée, l'anémomètre pour calculer la vitesse du vent. En 1735, on expliqua l'effet de la rotation de la Terre sur les vents. Lavoisier découvrit plus tard la composition de l'air.

— À quand remontent les stations météorologiques ?

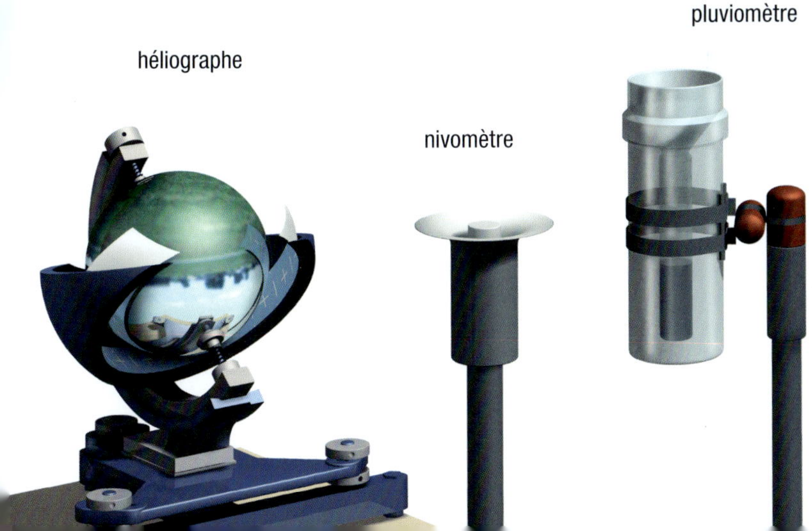

— Le premier navire météorologique a commencé ses opérations en 1947. Une station flottante, si vous voulez. À partir des années 1950, les météorologues s'équipent de satellites d'observation. Dans les années 1960, les satellites géostationnaires, ceux qui gravitent autour de la Terre à la même vitesse qu'elle, permettent une observation permanente des phénomènes météorologiques.

— Vous avez tout de même le sens de la météo ! Regardez l'orage !

— Ça n'a rien de génial, il suffit parfois de regarder le ciel, mais vous, vous y cherchez des légendes…

Les premiers humains ne comprenaient rien aux phénomènes naturels. Orages, ouragans, couchers de soleil, aurores boréales, éclipses, tout pour eux était un mystère. Ils ont donc inventé des légendes pour se rassurer, créant le dieu du tonnerre et celui du vent, celui de la lumière ou celui de la pluie…

À quoi rêvent les aveugles ?

— Bonjour, Mechtilde, dit Cyrus. Tu as l'air bien triste.

— C'est vrai, monsieur Cyrus. Je songeais à ma cousine Méta, qui est aveugle. Je me demande bien à quoi elle peut rêver.

— Ta cousine est-elle aveugle de naissance ou bien l'est-elle devenue à la suite d'un accident ou d'une maladie ? demande le savant.

— Ça fait une différence ?

— Une grande différence, oui. Quelqu'un qui n'est pas aveugle de naissance a déjà vu des choses et a donc pu emmagasiner des images, tout comme nous. Ce sont ces images qui resurgissent dans les rêves : les couleurs, les formes, les paysages, les visages, les silhouettes, l'architecture des villes, celle des maisons, les animaux. Toutes ces images alimentent la couleur et la teneur de nos rêves.

— Méta est aveugle de naissance, précise la petite Mechtilde.

— Dans ce cas, ses rêves sont de nature différente. Pourquoi n'as-tu pas demandé à ta cousine de t'en parler ? s'enquiert Cyrus.

— Je ne sais pas, avoue Mechtilde. Je la vois rarement, je ne la connais pas beaucoup. Je n'ai pas osé, tout simplement.

— Quelqu'un qui n'a jamais vu ne connaît pas le monde de la même manière que nous. Privée de la vue, la personne aveugle va développer ses autres sens afin de pallier cette déficience.

— C'est vrai que ma cousine a l'ouïe très développée, admet Mechtilde.

— Ce n'est pas seulement le sens de l'ouïe qui devient important, mais aussi celui du toucher et celui de l'odorat. Ces sens, toujours en alerte, recueillent une foule de renseignements que la personne aveugle emmagasine dans sa mémoire. En rêve, ce sont ces sensations qu'elle revivra.

— J'ai du mal à comprendre, avoue Mechtilde. Moi, ce que je retiens de mes rêves, ce sont surtout les images.

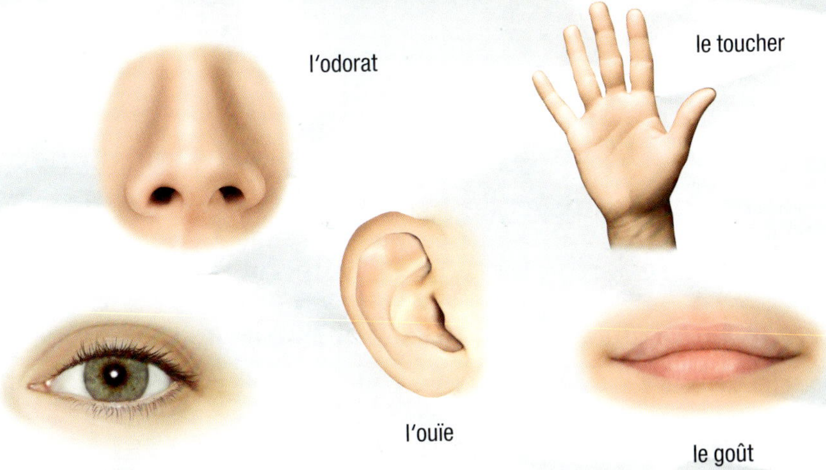

Les cinq sens

— Tu retiens aussi bien d'autres choses. Quand tu rêves, tu éprouves aussi des sensations : tu as froid ou bien tu as trop chaud, tu as faim, tu as peur ou tu te sens en confiance. Ai-je tort ? demande le savant.

— Euh… non.

— Toutes ces sensations, une personne aveugle, comme ta cousine Méta, les éprouve également.

— C'est vrai ?

— Tu te souviens du premier jour où tu es allée à l'école ?

— Oui.

— Eh bien, dit Cyrus, essaie de te mettre à la place de Méta. Que pourrait-elle retenir d'une journée comme celle-là ?

Mechtilde ferme les yeux et réfléchit à voix haute :

— Le bruit. Le bruit que font plusieurs centaines de voix.

— Imagines-tu la gamme d'émotions que tu peux ressentir ?

— Très bien. Il me semble que j'aurais peur. Je percevrais aussi des odeurs. Les odeurs de personnes et de lieux que je ne connais pas. Et puis le frôlement de tous ces étrangers, grouillant autour de moi. Des présences inconnues qui s'approchent et que je ne peux voir. Brrr !

— Ce sont ces sensations très fortes que Méta peut revivre en rêve. As-tu remarqué comment, privé d'images, tout notre être se met aux aguets ?

— C'est vrai, oui, admet Mechtilde.

— L'être humain possède un immense pouvoir d'imagination.

— Et alors ?

— Un aveugle qui n'a jamais vu une montagne a pu en lire une description en braille, ou bien en entendre parler.

— Je n'avais pas songé à cela…

— À partir de ces descriptions, la personne aveugle peut imaginer la montagne, s'en faire une représentation mentale. Elle construit cependant cette image selon des critères qui n'ont rien de commun avec ceux des personnes qui voient.

— Je vous remercie, monsieur Cyrus, dit Mechtilde. Je me sens mieux à présent.

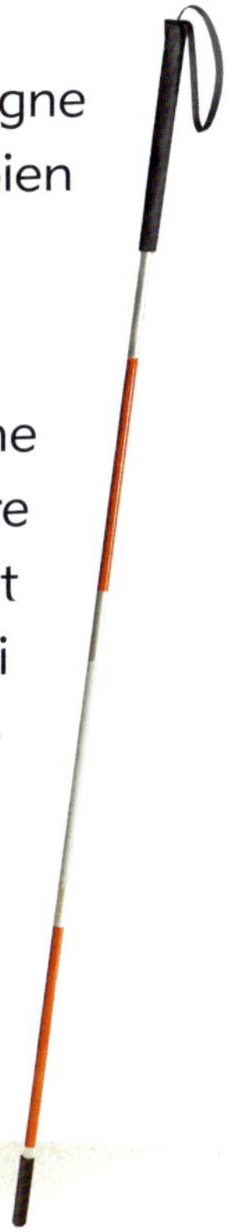

La canne blanche a été inventée à Paris en 1931. Elle permet de repérer les obstacles et de se guider en fonction des rues et des trottoirs, des dénivellations du sol et, bien sûr, des passants dans les rues achalandées. Si elle est blanche, c'est pour qu'on puisse bien la différencier des cannes ordinaires.

Que mange le tatou ?

— Je resterais bien encore quelques semaines, confie Paola à mère Marie-Madeleine.

— Tu reviendras, petite, dit la bonne abbesse en lui prenant le bras. Pense à ton retour chez toi plutôt qu'à ton départ d'ici. Il doit bien y avoir quelque chose qui te manque… ?

— Pas beaucoup. Je ne m'ennuie presque jamais, vous savez. Vous allez rire, mais il y a pourtant une chose que j'ai très hâte de manger.

— Une chose qu'on ne trouve pas ici ? demande mère Marie-Madeleine.

— Du tatou ! lui souffle Paola à l'oreille.

— Du tatou ? s'écrie la religieuse.

— C'est délicieux, précise Paola, surtout rôti et servi dans sa carapace. On ne croirait pas, à voir cet animal, qu'il peut être si bon à manger.

— Tu parles bien de l'espèce de bête à carapace qui vit dans la terre ?

— C'est ça. Au collège, j'ai fait un travail sur le tatou et je suis certaine que je pourrais en apprendre à Cyrus sur le sujet.

— Ah bon ?

— C'est un curieux animal, vous savez. Sa carapace n'a rien à voir avec celle des tortues. Le tatou en possède une articulée. Selon les espèces, son poids peut varier d'un peu moins d'un kilo jusqu'à 55 kilos.

— Paola, qu'est-ce que ça mange, un tatou ? l'interroge mère Marie-Madeleine.

— Le tatou est omnivore : il mange des insectes, des végétaux, des cadavres de petits animaux, de petits serpents, des lézards… Les dents du tatou s'usent rapidement. Cela l'empêche de croquer des choses coriaces. Il préfère donc de la nourriture molle, par exemple les vers de terre.

— Des vers de terre ?

— Vous savez sans doute que le tatou ne voit pas très clair, poursuit Paola.

— Un peu comme la taupe ?

— Oui. Et, comme la taupe, le tatou vit dans un terrier. C'est bien pratique pour trouver sa nourriture. Étant donné qu'il ne voit pas très bien, c'est son odorat qui le guide. Un tatou qui part à la chasse se promène le nez par terre. S'il sent un ver de terre, même enfoui à 10 centimètres, il se met à creuser très rapidement pour ne pas le rater. Il possède de très fortes griffes, qui lui permettent de creuser à une vitesse folle. Lorsqu'il est menacé, vous savez comment il réagit ?

— Non…

— Il se met en boule, et cette boule est tellement compacte qu'aucun animal n'arrive à la défaire, ou encore il creuse et s'enterre complètement. Comme il le fait très vite, on peut dire qu'il disparaît devant l'ennemi.

— Comment arrive-t-il à respirer ? Est-ce qu'il possède des moyens particuliers pour se boucher le nez ? demande la moniale.

— Ce qui est impressionnant chez le tatou, poursuit Paola, c'est qu'il est capable de retenir son souffle pendant de longues minutes.

— Il n'étouffe pas ?

— Pas du tout ! Ses besoins en oxygène ne sont pas aussi importants que ceux des autres mammifères. Il peut donc passer jusqu'à 5 minutes sous la terre, à creuser et à chercher son repas, sans avoir besoin de s'inquiéter. Comme il ne respire pas, la terre ne pénètre pas dans ses narines.

— Il ne chasse que sous la terre ?

— Il trouve là tout ce dont il a besoin : insectes et vers de terre. Toutefois, lorsqu'il fait frais à l'extérieur de son terrier, le tatou s'aventure parfois à chasser dehors.

— Et cet animal est vraiment bon à manger ?

— Moi, j'adore ça ! Je ne crois pas qu'on en mange ailleurs qu'en Amérique du Sud. C'est vraiment très bon, vous savez ! Si je pouvais vous en envoyer par courrier surgelé, ce serait bien !

— À moins que je n'aille en manger chez vous ? Ce ne serait pas bête, un petit voyage au Brésil..., murmure mère Marie-Madeleine d'un air songeur.

En Bolivie, on utilise la carapace du tatou pour fabriquer un instrument de musique à trois cordes appelé *charango* et qui ressemble à une petite guitare. On se sert également de la peau du tatou pour faire du papier.

Est-ce que Mahomet a réellement existé ?

Cyrus s'est installé à son bureau pour répondre à ses courriels. Un des messages, écrit par un certain Ismaël, lui demande si le prophète Mahomet a réellement existé. Cette question amène le savant à songer à son vieil ami, l'imam Abd el-Kader, à qui il n'a pas parlé depuis un certain temps. Cyrus décide de l'appeler.

— Ah, mon cher Cyrus ! Quel plaisir d'entendre de nouveau votre voix ! s'écrie l'imam à l'autre bout du fil.

Après avoir échangé des nouvelles durant quelques instants, Cyrus demande à son ami :

— Dites-moi, cher imam, Mahomet a-t-il réellement existé ?

Interloqué, Abd el-Kader hésite quelques secondes. Puis, devinant la plaisanterie, il joue le jeu de son ami, qui feint de ne pas connaître la réponse à cette question.

— Évidemment que Mahomet a vraiment existé ! répond l'imam en riant. En fait, son nom était Muhammad.

— On dit qu'il est né à La Mecque, vers l'an 570 de notre ère, dit Cyrus.

— Oui. On sait, en tout cas, qu'il est mort à Médine, en 632, ajoute son ami. Les renseignements qu'on possède sont tirés de trois textes : le *Coran* (le livre saint), la *Sunna* (la tradition) et la *Sîra* (la biographie du prophète). Vers l'âge de 40 ans, Mahomet est investi d'une mission divine. Il a la révélation. C'est d'ailleurs l'archange Gabriel qui lui transmet le message.

— Parlez-moi du Coran, suggère Cyrus. Ça me repose tellement d'entendre quelqu'un d'autre répondre à une question ! Et je suis sûr que vous me fournirez des détails intéressants pour répondre à la question que me pose Ismaël.

— La rédaction du Coran s'est faite de 610 à 632. Le mot *Coran* signifie *récitation*. C'est dans le Coran qu'on trouve la base de la doctrine islamique.

Pour nous, il contient la parole de Dieu, transmise directement par l'archange Gabriel à son prophète Mahomet.

— Qu'est-ce que Mahomet apportait de vraiment neuf ? demande Cyrus, qui s'amuse à poser des questions.

— Mahomet, répond l'imam, a prêché la parole divine en prônant qu'il n'y a qu'un seul Dieu, Allah. Il luttait contre les religions qui vénéraient plusieurs dieux.

— Je sais que les Arabes, avant la naissance de Mahomet, croyaient en plusieurs dieux, commente Cyrus.

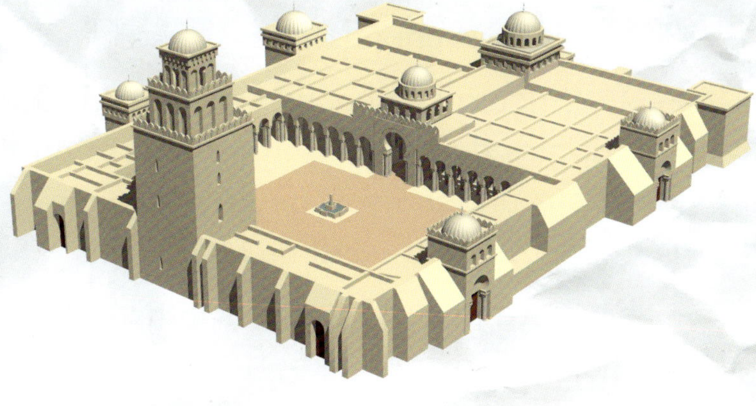

Mosquée

— L'islam, religion fondée par Mahomet, demande de croire en un seul Dieu et en une vie future après la mort, de respecter les jeûnes, de faire l'aumône aux pauvres, de prier cinq fois par jour, de faire une fois dans sa vie le voyage à La Mecque et de répandre la pensée de l'islam.

— Répandre la pensée de l'islam, dit Cyrus, c'est ce à quoi Mahomet va s'employer pendant 22 ans de sa vie.

— Ce qui, comme vous le savez très bien, cher ami, n'arrangeait pas tout le monde.

— C'est vrai qu'à l'époque de Mahomet, dit Cyrus, les riches marchands de La Mecque n'étaient pas prêts à abandonner leurs religions. De plus, ils n'aimaient pas se faire promettre le paradis s'ils vivaient selon les directives du prophète, et l'enfer s'ils ne les suivaient pas !

— C'est pourquoi, répond l'imam, Mahomet et ses disciples durent s'exiler en 622. Ils partirent alors pour un long voyage vers Médine, à 350 kilomètres au nord-ouest de La Mecque.

— Il mourra donc 10 ans plus tard…

— Après avoir passé ces 10 ans de sa vie à continuer de répandre la pensée islamique.

— Ces prophètes me fascinent, murmure Cyrus. Maintenant, cher ami, racontez-moi un peu comment vous allez. Vous me manquez, vous savez !

Le ramadan, période de jeûne d'une durée d'un mois lunaire, correspond à la période où la parole de Dieu a été révélée à Mahomet. Le jeûne se fait entre le lever et le coucher du soleil. Ainsi, si vous respectiez le ramadan dans le Grand Nord, votre jeûne serait très court en hiver, alors qu'en été il serait interminable.

Est-ce que les iguanes sont des lézards ?

— Cyrus, murmure Manfred, je sais bien qu'Arnold Casse nous a joué un vilain tour et que nous devrions oublier toute cette histoire de manuscrit. Mais…

— Cessez de vous tourmenter, mon cher ! l'interrompt Cyrus en riant. C'est fini, tout ça !

— Mais je n'ai jamais retrouvé le manuscrit ! Wilbrod refuse de me le rendre. Une fois Paola partie, il ne voudra plus se manifester ! J'aurais bien aimé conserver en souvenir une copie de ce texte, même s'il est faux.

— Nous finirons bien par le récupérer ! dit le savant. Vous perdez tout, vos lunettes, vos cigares…

— Et le manuscrit ! C'est terrible…

— Mais non. Ne pensez plus à cela et aidez-moi plutôt à trouver des renseignements sur l'iguane du désert. Je dois répondre aux deux petits Legrand.

— Étienne et Marianne ?

— Ceux-là mêmes. Cherchez donc dans ce livre pendant que je note ce que je sais déjà.

— Iguane, murmure Manfred. Iguane. Voilà ! Au fait, Cyrus, est-ce que l'iguane est un lézard ?

— Oui. Mais lisez, Manfred, lisez…

— « Lézard aimant beaucoup la chaleur, l'iguane nous semble paresseux, car il sort très tard de son refuge. C'est qu'il attend la fin de la matinée pour profiter de la plus chaude période de la journée. » Moi, dit Manfred, j'aime les matins frais…

— Vous n'avez rien d'un iguane, marmonne Cyrus en écrivant à Étienne et à Marianne.

— Oh ! Cyrus, saviez-vous que l'iguane a une température de 41 degrés Celsius ? C'est très élevé pour un reptile, non ?

— En effet.

— « L'iguane est omnivore. Il adore tout autant les insectes que les feuilles et les bourgeons des plantes. Il chasse les insectes à vue. Pour ce qui est des plantes, l'iguane les explore avec le bout de sa langue. C'est ainsi qu'il les flaire... » Attendez, je continue, dit Manfred à Cyrus, qui n'écoute pas du tout. « L'alimentation de l'iguane varie selon les saisons. » Sûrement selon la végétation, hein ?

— Pardon ? demande Cyrus.

— « Les iguanes s'accouplent en avril et en mai. » C'est tout ?

— Manfred, pourriez-vous lire à voix basse ?

— Non ! Écoutez ! « La femelle pond une seule fois par an, entre 2 et 10 œufs. » Vous ne trouvez pas que c'est peu ?

— Imaginez-vous avec 10 bébés chaque année ! dit Cyrus en riant.

— Oh ! que vous êtes bête ! Ce n'est pas peu, pour un animal ?

— Cela dépend des espèces. Pensez aux éléphants…

— Savez-vous qui le dévore, ce pauvre lézard ?

— Oui, répond Cyrus. Les rapaces, mais aussi les crotales et les couleuvres…

— … et même certains mammifères carnassiers, des oiseaux…

— … et un autre lézard qui se délecte des bébés iguanes. Un des pires ennemis de l'iguane est l'homme, qui le chasse parce que sa chair est délicieuse.

— Que la nature est étrange…

— Mais elle est ainsi faite. Vous n'avez jamais dégusté de cochon de lait ?

— Si !

— Et pourtant, c'est un tout petit bébé cochon, fait remarquer Cyrus.

— C'est pourtant vrai. Pourquoi m'avez-vous fait remarquer cela ? Je ne pourrai plus jamais en manger ! soupire Manfred.

— Et le pauvre insecte dévoré par l'iguane, vous y pensez, Manfred ?

L'iguane du désert vit dans les déserts d'Amérique du Nord. Il se réfugie dans des trous qu'il creuse lui-même, ou bien dans les terriers d'autres animaux. En dehors, il se prélasse de longues heures au soleil.

Qu'est-ce qu'un atome et à quoi ça sert ?

— Bonjour, Adelgundis, dit Cyrus. Tu me parais bien soucieuse. Qu'est-ce qui te tracasse ?

— Bonjour, monsieur Cyrus, répond la petite, qui rentre de l'école, son cartable sous le bras. Je songeais à l'exposé que je dois faire demain sur les atomes. C'est compliqué. Je ne suis pas certaine de pouvoir bien expliquer à mes camarades ce qu'est un atome et à quoi ça sert.

Le savant consulte sa montre : il a le temps. Une bonne vingtaine de minutes avant le repas de Gratte-Bedaine.

— Asseyons-nous un moment sur le banc, propose-t-il à la petite fille.

Le parc est tranquille, et Cyrus a très envie de se reposer un instant au soleil.

— Tu vois ce qui nous entoure ? dit-il. Les arbres, le lac, les nuages, les bancs... Toutes ces choses sont composées de molécules. Chaque molécule est elle-même formée d'atomes. C'est parce que ces tout petits fragments de matière se combinent entre eux que les choses existent.

— Vous voulez dire que l'eau, le bois, l'air, les nuages sont faits de molécules, donc d'atomes ?

— Exactement. Ce n'est qu'au cours du XIXe siècle qu'on a commencé à se pencher sur cet élément qu'est l'atome.

— Atome... C'est un drôle de mot, dit Adelgundis. D'où vient-il ?

— Du grec « *atomos* », qui signifie *insécable*.

— Pardon ? Je n'ai jamais entendu ce mot-là...

— Insécable, qu'on ne peut couper, qu'on ne peut séparer. On pensait en effet que le noyau ne pouvait pas être divisé. C'était la plus petite unité connue.

— Ah bon ?

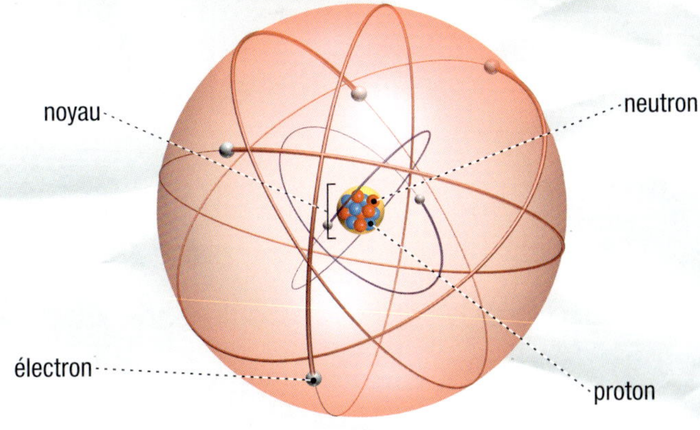

Atome

— Enfin, c'est ce qu'on croyait il y a très longtemps. Depuis, on sait que le noyau de l'atome, très massif, est composé de protons et de neutrons. Mais autour de lui gravitent des électrons. Ils ne sont pas attachés au noyau, ils sont retenus par une attraction.

— Je ne comprends pas trop, avoue Adelgundis.

— Pense au système solaire. Le noyau est comme le Soleil, et les planètes, retenues autour de lui par une attraction, sont comme les électrons qui gravitent autour du noyau.

— Je vois.

— Tu sais, Adelgundis, on a longtemps pensé que les neutrons et les protons étaient, avec les électrons, les particules de base de l'atome.

— Et ce n'est pas le cas ? demande la petite.

— On a découvert, répond le savant, que les neutrons et les protons sont des assemblages complexes d'autres particules, comme les quarks, et qu'il existe des liens très particuliers entre ces particules.

— Mais où cela va-t-il s'arrêter, monsieur Cyrus ?

— Pour le moment, explique ce dernier, on ne peut pas aller plus loin que les quarks, les leptons et les bosons. Rien ne nous dit, cependant, qu'ils ne recèlent pas un autre mystère.

— L'univers est très étrange, n'est-ce pas, monsieur Cyrus ? Nous sommes tous faits d'atomes, vous, moi, Gratton, Alice... et ça fonctionne !

Les atomes ne sont pas tous identiques. Par exemple, les atomes d'oxygène sont différents des atomes de néon. Une référence universelle est le tableau de Mendeleïev : celui-ci présente une classification périodique de tous les éléments chimiques qui, combinés entre eux, donnent toutes les matières.

Au temps de Louis XV, allait-on aux cabinets ?

— Paola, crie Gabriella de l'étage, n'oublie pas de mettre le papier à blagues dans tes bagages !

— Le quoi ?

— Le papier hygiénique avec des blagues dessus !

— Oh, maman ! Ce n'est pas sérieux !

— Mais si, mais si, ton cousin Gianfranco va trouver ça très drôle…

— Cyrus, fait Paola en se tournant vers le savant, maman n'est vraiment pas sérieuse. Elle achète n'importe quoi, elle croit dur comme fer à Wilbrod le fantôme…

— Il s'est manifesté, depuis votre retour ?

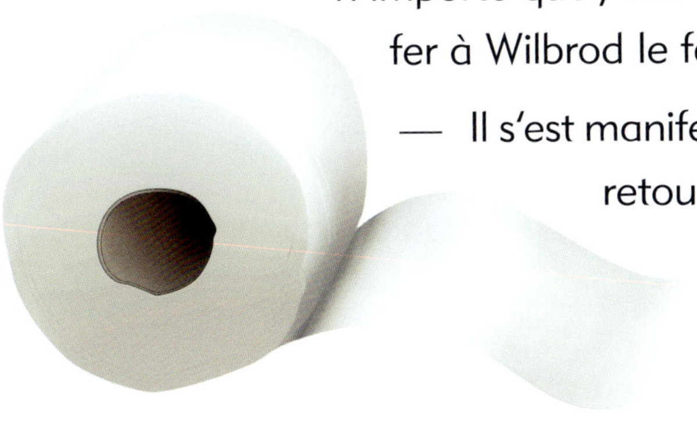

— D'après Manfred, oui. Il le supplie tous les jours de lui rendre le manuscrit.

— Mais nous n'en avons plus besoin !

— C'est comme ça ! soupire la jeune fille. Cyrus, qu'est-ce qu'on faisait avant, quand il n'y avait pas de papier hygiénique ? Est-ce que Louis XV, par exemple, disposait de cabinets d'aisances ?

— Au XVIIIe siècle, l'hygiène n'était pas très poussée en France. Je te dirais même que, 2000 ans av. J.-C., le palais de Cnossos, en Crète, était mieux équipé que bien des châteaux de l'époque de Louis XV.

— C'est vrai ?

— À Cnossos, le palais était équipé de latrines surmontées d'un réservoir d'eau. On le remplissait d'eau de pluie, ou encore d'eau qu'on allait chercher à la citerne. Un système d'égouts emportait les matières fécales et les déchets de la maison. Alors qu'à Paris, à une époque pas si lointaine, on vidait les pots de chambre par les fenêtres.

— Quelle horreur ! s'exclame Paola. L'odeur devait être terrible…

— Non seulement on vidait les pots de chambre par les fenêtres, mais on avait aussi l'habitude de soulager ses besoins n'importe où ! Dans une ruelle sombre, dans un fiacre, sur les bords de la Seine... Tu imagines le spectacle ?

— Je n'ose pas ! dit Paola en riant.

— Dans les maisons riches, on utilisait des chaises dont le siège était percé et sous lequel se trouvait un pot.

— Les odeurs se répandaient tout de même !

— Et comment ! approuve Cyrus. Tout Paris devait empester...

— Il n'y avait pas d'égouts ?

— Non. Les toilettes comme on les connaît maintenant, c'est-à-dire équipées d'une chasse d'eau, ont été créées en Grande-Bretagne en 1775. Mais il s'est écoulé une bonne centaine d'années avant que leur usage soit bien implanté dans les habitudes domestiques. Pourtant, l'empereur romain Vespasien avait fait installer, il y a près de 2000 ans, de grandes cuves d'argile dans les rues de Rome pour que tout le monde puisse y uriner. Il

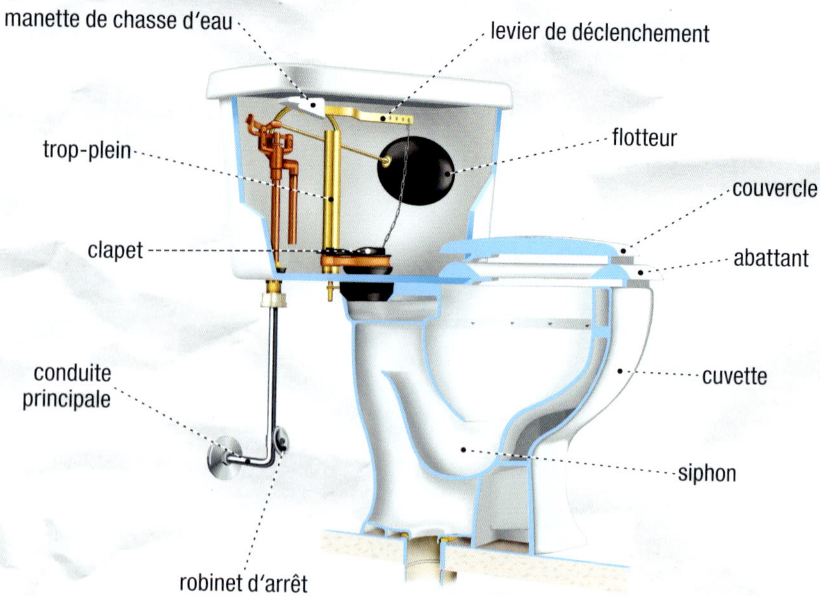

avait même institué une taxe sur les urines, payable tous les 4 ans par les pères de famille !

— De là le nom de *vespasiennes* pour les toilettes publiques ?

— Exactement. Celles de Paris ont été installées en 1833.

— Et le papier hygiénique tel que nous le connaissons aujourd'hui ? De quand date-t-il ?

— Le papier hygiénique a été inventé aux États-Unis en 1857, mais pas exactement comme nous le connaissons. C'est en 1891 qu'apparaît le papier en rouleau. Avant cela, on se servait de bouts de tissu, ou de rien du tout…

— Et ma mère, elle, achète du papier hygiénique sur lequel on peut lire les blagues les moins drôles du monde !

— Tu sais, Paola, qu'il y a une trentaine d'années on vendait encore des carrés de papier journal dans les toilettes publiques de certains pays ?

— Non !

— Oui !

L'hygiène est devenue une priorité dans de nombreux pays. C'est fort heureux, car la propagation de certaines maladies peut ainsi être évitée.

Pourquoi les boomerangs reviennent-ils toujours ?

— Aïe ! s'écrie Cyrus.

Il se retourne vivement, pour voir ce qui vient de le frapper à la tête.

— Excusez-moi, monsieur Cyrus, balbutie Ascanio en sortant de la haie. Je ne voulais pas vous atteindre. Je…

Le savant se penche et ramasse un magnifique boomerang, orné de couleurs vives.

— C'est mon père qui me l'a rapporté d'Australie. Il est rentré hier. Je n'ai pas encore l'habitude des boomerangs. Je l'ai lancé, je croyais qu'il allait revenir, et… Les boomerangs reviennent toujours à leur point de départ, non ? demande Ascanio.

— La preuve que ce n'est pas toujours le cas…, dit Cyrus en exhibant l'objet. Les boomerangs suivent une trajectoire plus ou moins courbe, mais ne regagnent pas nécessairement leur point de départ. On les lance presque à la verticale, avec une légère inclinaison. La partie supérieure du boomerang fend l'air plus rapidement que la partie inférieure, elle a donc une plus grande portance que la partie inférieure, elle vole mieux. Ce phénomène contribue à faire tourner le boomerang vers la gauche. Ainsi, en persistant dans cet angle, il décrit un cercle et rejoint son point inital.

— Il revient donc vraiment à son point de départ ? s'étonne Ascanio.

— Presque, répond le savant. Le secret du lancer, comme dans le cas d'un *frisbee*, se trouve dans le poignet. On doit toujours lancer l'instrument face au vent. Avec le poignet, on imprime un mouvement de rotation au boomerang, qui va ainsi pivoter sur lui-même dans les airs. Si on sait le lancer correctement et qu'il ne rencontre aucun obstacle sur son chemin, le boomerang reviendra.

— Maintenant, je le sais, dit Ascanio.

— Les boomerangs existent depuis plus de 20 000 ans, poursuit le savant. Les aborigènes d'Australie l'utilisaient pour chasser.

— C'est si vieux, les boomerangs ?

— Oui. Les boomerangs ont d'abord été des armes de chasse. Contrairement à ce que l'on peut croire, les premiers boomerangs n'étaient pas conçus de la même manière que ceux que nous utilisons pour jouer. Ils étaient faits pour suivre une trajectoire rectiligne. Ce n'est que plus tard qu'ils sont devenus des jouets. Heureusement pour ma tête, ceux-ci sont en général plus petits et plus légers que les armes australiennes. Ils ont en outre une forme plus courbe. Aussi ne faut-il pas les laisser entre les mains de n'importe quel enfant…

Ascanio se tortille comme un ver et garde le silence.

— La plupart des boomerangs ont deux pales, mais il existe également des modèles à trois pales. Les pales du boomerang forment un angle supérieur à 90 degrés. À l'origine, ils étaient en bois. Ceux d'aujourd'hui sont faits de matériaux plus légers, comme l'aluminium ou la fibre de carbone.

— Le mien est en aluminium.

— Hum…, fait le savant. Ce n'est pas tant la matière dans laquelle il est fabriqué ou la forme du boomerang qui importe, mais le fait que ses branches soient dessinées comme les ailes d'un avion : la face supérieure est bombée, et la face inférieure est plate ou légèrement creusée.

— C'est vrai, je l'ai remarqué.

— Habilement lancé, le boomerang peut atteindre et parfois même dépasser une vitesse de 100 kilomètres à l'heure. Le phénomène est impressionnant, mais je dois préciser que le boomerang ne peut pas parcourir des centaines de kilomètres.

— Je suis déçu, laisse tomber Ascanio.

— Ça reste tout de même une arme redoutable, reprend Cyrus.

— Est-ce que je peux... ? demande timidement Ascanio en tendant la main vers l'objet.

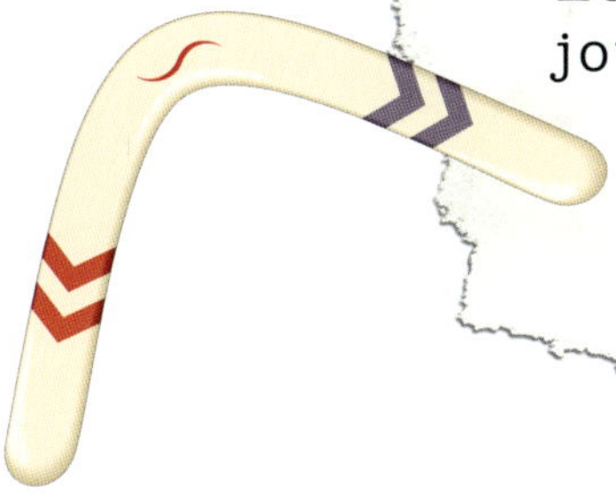

Le lancer du boomerang a toujours fait l'objet de compétitions. À quand sa place aux Jeux olympiques... ?

Si les oiseaux mangent des insectes, est-ce qu'ils mangent aussi des abeilles ?

— Vous rendez-vous compte, Cyrus ? s'écrie Paola. Il faut des jours et des jours à ma mère pour faire ses bagages. Moi, j'emballerais tout en deux heures ! Elle m'énerve !

— Elle a toujours été comme ça, tu le sais bien…, soupire Cyrus.

— Le pire, c'est Manfred ! Il veut que je reste à l'intérieur de la maison pour que Wilbrod ait une occasion de se manifester ! Je n'aime pas le travail d'indicateur de fantôme ! grogne Paola.

— Tu as bien raison ! Savais-tu, Paola, qu'il existe un oiseau qu'on appelle l'*indicateur* ? Plus précisément le *grand indicateur* ?

— Non, répond la jeune fille.

— C'est un oiseau d'Afrique qui raffole du miel et des abeilles.

— Des abeilles ? J'ignorais que les oiseaux mangeaient des abeilles.

— Ils mangent des insectes, et parfois des abeilles. Le grand indicateur, lui, ne s'alimenterait bien que de cela.

— Mais pourquoi ce nom ?

— Justement parce qu'il guide les gens vers les ruches d'abeilles sauvages. Et pas seulement les humains ! Les animaux friands de miel, comme le sont bien des mammifères africains, suivent le grand indicateur, car il sait détecter les ruches de très loin.

— Grâce à son odorat?

— Exactement. Il suit l'odeur de la cire. Il est futé, ce cher oiseau. Il attend que l'homme ou l'animal ait éventré la ruche pour ensuite aller déguster les abeilles et les larves, le miel et même la cire.

— Il mangerait des bougies si on lui en donnait? demande Paola en blague.

— Tu ris, mais il en mange bel et bien. L'intestin du grand indicateur renferme certaines bactéries qui lui permettent de transformer la cire en acides gras dont il a besoin.

— Quel drôle d'animal! Il ne se fait pas piquer par les abeilles?

— Sa peau est très épaisse. Aussi, les piqûres des abeilles ne l'incommodent-elles pas. Il semble que le grand indicateur dégage une forte odeur qui repousse les insectes. Les Africains le connaissent bien et le respectent. Comme il leur montre le chemin des ruches, certains indigènes ont pris l'habitude de réserver à l'oiseau une bonne part de leur butin.

— C'est un échange de bons procédés ! souligne Paola.

— Mieux encore, les indigènes africains ne chassent pas le grand indicateur. Ce serait trop bête d'éliminer celui qui mène à la ruche et aux réserves de miel.

— « Que la nature est grande ! » dirait notre cher Manfred, lance Paola en éclatant de rire. Est-ce que cet animal ne mange que des abeilles ? demande-t-elle ensuite.

— Il affectionne également les guêpes. Un autre de ses délices, ce sont les œufs d'autres oiseaux. Il ne se gêne pas pour s'attaquer aux couvées de certains d'entre eux.

— Ça, c'est vilain !

— Comme tu dis, mais c'est vilain selon ta propre morale. Le grand indicateur ne se pose pas ces questions-là…

— Cyrus, m'accompagneriez-vous chez mère Marie-Madeleine ? Elle m'a offert une réserve de ses meilleurs miels, que je vais emporter chez moi.

Soyez mon grand indicateur, je vous suivrai jusqu'aux ruches du couvent !

— J'en prendrais bien aussi un pot ! Mère Marie-Madeleine a un miel de thym absolument délicieux. Allons-y maintenant, avant que Manfred veuille t'enfermer avec Wilbrod…

Le guêpier d'Europe est un autre oiseau qui se nourrit de guêpes et d'abeilles. Il appartient à la grande famille des Méropidés. Il vit dans le sud de la France et en Italie, mais on le retrouve maintenant de plus en plus au nord, en Belgique, en Grande-Bretagne et même en Scandinavie.

Pourquoi certaines mers ont-elles disparu ?

— Ah, mon cher Latimer, vous êtes revenu ! s'écrie Cyrus. Il me semble qu'il y a une éternité que je vous ai vu !

— C'est vrai, admet le voisin de Cyrus en poussant la petite grille du jardin. Il y a de nouveaux venus dans le quartier ?

— Oh ! ils sont là depuis un moment ! Je ne connais que le gamin, Ascanio. Ses parents sont souvent absents. Je ne les ai même encore jamais aperçus.

Installés devant de grands verres de jus, les deux amis, heureux de se retrouver, bavardent de choses et d'autres.

— Je me suis rendu jusque sur les bords de la mer Morte, dit Gontran Latimer. Le choc ! Elle a terriblement rapetissé ! Mais dites-moi, cher voisin débordant d'érudition, pourquoi certaines mers ont-elles même disparu ?

— La Terre s'est formée il y a environ 5 milliards d'années. Vous vous imaginez qu'elle n'a pas toujours été telle que nous la connaissons aujourd'hui.

— Je sais, dit le voisin, que notre planète a connu 5 grandes ères géologiques : le précambrien, le primaire, le secondaire, le tertiaire et le quaternaire, qui a commencé avec l'apparition de l'homme.

— Bien !

— Je sais aussi que, durant le quaternaire, elle a connu plusieurs périodes glaciaires.

— Bravo, mon cher ! dit Cyrus en applaudissant. Vous savez peut-être aussi, poursuit-il, que les mers et les océans recouvrent plus de 70 % de la surface de notre planète. En fait, pour répondre à votre question, il serait plus juste de dire que les mers changent de place, plutôt que de dire qu'elles disparaissent.

— Ah bon ?

— Bien avant que l'activité humaine affecte les mers, la nature a fait en sorte que certaines se sont déplacées ou ont disparu, comme la mer de Champlain qui recouvrait Ottawa, Montréal et

Québec. C'est la remontée des terres après le passage des glaciers qui a entraîné sa disparition pour nous laisser le fleuve Saint-Laurent. La Terre est vivante, précise le savant. Elle est animée de mouvements, dont les plus spectaculaires sont peut-être les tremblements de terre. Si vous imaginez notre planète comme un être vivant, qui respire et dont la poitrine se soulève régulièrement, vous aurez une bonne idée de ces mouvements qui l'animent.

— Vos comparaisons sont toujours excellentes, dit Latimer.

— Lorsqu'il y a des affaissements de terrains, poursuit Cyrus, il se forme de grandes cuvettes. Il y a eu aussi des époques où la Terre s'est soulevée pour donner naissance aux chaînes de montagnes.

— Quand vous expliquez, tout semble limpide, soupire Latimer.

— Lors de ces grands mouvements de l'écorce terrestre, la quantité d'eau demeure la même, mais elle se répartit selon la géographie de ces bosses et de ces creux.

— Je commence à comprendre, avoue Gontran Latimer. Les océans se comportent un peu comme si on étendait une toile imperméable sur un sol inégal, et qu'on y versait ensuite un litre d'eau. La quantité de liquide demeurerait toujours la même, mais elle se répartirait de manière différente selon le relief imprimé à la toile par le sol.

— Votre image est juste, approuve le savant. La quantité d'eau qu'il y a actuellement sur la Terre est pratiquement la même qu'à son origine. Durant la période glaciaire, cette eau se trouvait en plus grande quantité sous forme de glace. Quand la température a augmenté à la surface de la Terre, les glaciers ont fondu, et la taille des océans s'est accrue.

— Oui, reconnaît Gontran Latimer, ce sont les mouvements constants de la croûte terrestre qui font que tout se déplace tout le temps. Les montagnes se forment, les îles disparaissent et les mers changent de lit.

— Les mers et les océans forment un grand tout, conclut Cyrus. J'ajouterais cependant que, malgré son nom, on peut considérer la mer Morte comme un grand lac, car contrairement à la mer Méditerranée, par exemple, elle n'est reliée à aucun océan. De ce fait, elle est à la merci non seulement de l'évaporation naturelle, mais également de l'exploitation de l'eau qu'en font les hommes.

Les Grands Lacs d'Amérique du Nord, situés au Canada et aux États-Unis, constituent la plus grande réserve d'eau douce de surface au monde. Ils contiennent à eux seuls 18 % des réserves mondiales. Des 5 lacs, seul le lac Michigan appartient entièrement aux États-Unis.

Est-ce que les araignées de mer tissent des toiles dans l'eau ?

— Antra ? Toi, ici ? s'exclame Cyrus. Tu n'es pas à l'école ?

— Congé ! répond la petite. Je ne vous avais pas vu depuis si longtemps…

— Et tu as préparé une de tes magnifiques questions ?

— Je n'ai pas eu besoin de la préparer. Elle m'agace depuis des jours.

— Quelle est-elle ? demande le savant.

— J'ai entendu Maximilien parler l'autre jour d'araignées de mer. Je croyais qu'il faisait des blagues. Mais il avait l'air si sérieux que j'ai compris que les araignées de mer existaient vraiment.

— C'est tout à fait juste.

— Ce que je voudrais savoir, c'est comment elles tissent leurs toiles.

— Tu seras toujours la même ! Tu ne l'as pas demandé à Maximilien ?

— Je n'avais même pas le droit d'être là ! chuchote la fillette. J'étais cachée derrière la palissade de bois et je l'entendais parler avec Jean-Jules. Moi, je voulais voir Jean-Jules, sans que Maximilien le sache…

— Ça va, j'ai compris. Je t'expliquerai donc, d'abord, que l'araignée de mer n'est pas une araignée. On l'appelle ainsi à cause de ses grandes pattes, mais il s'agit d'un crabe…

— Oh ! fait Antra. J'ai honte !

— Il n'y a pas de honte à ignorer certaines choses..., dit doucement Cyrus.

— C'est facile à dire ! Vous, vous savez tout ! réplique la petite.

— Au contraire, je suis loin de tout connaître. L'araignée de mer est donc un gros crabe. Sa carapace peut atteindre jusqu'à 20 centimètres de largeur.

— C'est beaucoup !

— On a déjà capturé une araignée de mer qui mesurait 3,75 mètres d'envergure.

— Où vivent les araignées de mer ?

— On en trouve en Méditerranée et sur la côte atlantique de l'Europe et de l'Afrique. L'araignée de mer vit dans les rochers ou dans le sable et se cache à de très grandes profondeurs durant l'automne et l'hiver.

— Ce doit être très difficile de l'attraper !

— On la pêche lorsqu'elle remonte, au printemps, pour pondre ses œufs.

— Vous savez ce que ça mange, une araignée de mer? demande Antra. Sûrement pas des insectes de mer...

— Et pas en les attrapant dans ses filets! Non. L'araignée de mer se nourrit notamment de plancton. En outre, comme elle ne se déplace que très lentement, elle choisit des repas stables, qui ne se sauvent pas à la première occasion...

— Qu'est-ce que vous appelez un repas stable?

— Des animaux qui ne bougent que très peu: des oursins, des mollusques, de petits crustacés. Elle mange aussi des algues, des détritus et des cadavres.

— Beau menu! s'exclame Antra. Et nous, on les mange, les araignées de mer?

— Et comment! dit Cyrus. Leur chair est excellente. C'est une espèce de crabe très recherchée.

Mais il n'y a pas que les humains qui l'apprécient. Les pieuvres et les homards l'adorent aussi.

— Comment font-elles pour se défendre, les pauvres ?

— Contre les pêcheurs, elles ne peuvent pas grand-chose. Mais pour se protéger des pieuvres et des homards, elles se placent en tas. Des milliers d'araignées de mer se retrouvent ainsi entassées les unes sur les autres. Les mâles se placent à l'extérieur, gardant au centre les petits et les femelles. Les pinces des mâles sont très fortes. La colonie est donc bien défendue.

— Heureusement que je suis passée vous voir, Cyrus. Imaginez que j'aie parlé des toiles des araignées de mer à quelqu'un !

Les araignées de mer s'« habillent » d'algues et de débris de toute sorte. Ainsi camouflées, elles sont à l'abri de leurs prédateurs.

Peut-on être allergique à la lumière ?

Assis devant le feu, Cyrus lève la tête et sursaute. À la fenêtre du salon, un visage blême, fantomatique, vient d'apparaître.

— Ascanio…, soupire le savant.

Il se lève et va ouvrir la fenêtre. Réveillé, Gratte-Bedaine se met à aboyer furieusement. Alice bondit et court se cacher sous le fauteuil de cuir bleu.

— Qu'est-ce que tu fais dehors à cette heure ? demande le savant.

— Vous n'aimez pas mon déguisement de vampire ?

— Il est très réussi. Ne reste pas dehors, tu vas prendre froid. Je vais t'ouvrir la porte.

Avant de retourner auprès du feu, Cyrus fait chauffer du jus de pomme à la cannelle pour son Ascanio tout transi, et du cidre pour lui-même.

— Alors ? dit le savant. Quelle idée de traîner dehors à une heure pareille ! Il fait nuit.

— Je suis un vampire, répond le petit garçon. Et les vampires sont allergiques à la lumière.

— Sais-tu, Ascanio, que l'allergie à la lumière du soleil est une maladie qui existe vraiment ?

— Quoi ? s'exclame le gamin. Vous voulez dire, monsieur Cyrus, qu'il y a des personnes qui sont réellement allergiques à la lumière du soleil ?

À voix basse, il ajoute :

— Est-ce que ce sont des vampires ?

— Non. C'est une maladie grave et fort rare, appelée *porphyrie*, qui a donné naissance aux mythes des vampires et des loups-garous. Les gens qui en souffrent développent une véritable et terrible allergie au soleil.

— Des loups-garous ! s'écrie Ascanio, un peu effrayé.

— Restons-en là, déclare le savant. Contente-toi de te rappeler qu'on peut être allergique à la lumière du soleil. Certaines personnes, quand elles s'y exposent, développent des dermites.

— C'est comme un microbe ?

— Non, c'est une allergie du type de l'urticaire, répond Cyrus. Elle affecte beaucoup de gens.

— Peut-on être allergique à la lumière d'une ampoule électrique ? demande le gamin.

— Non, le rassure Cyrus. Il n'y a aucun danger parce que les ampoules n'émettent pas de rayons ultraviolets.

Ascanio retire les dents de plastique qui complétaient son déguisement de vampire avant de demander :

— Existe-t-il d'autres allergies à la lumière ?

— On peut développer une allergie à la suite d'une conjonctivite grave, par exemple.

— Ah bon, fait Ascanio. J'ai déjà eu une conjonctivite. Ce n'est pas drôle du tout.

— Il peut aussi arriver que les yeux développent une intolérance très particulière à la lumière, au froid ou au pollen.

— Si on parlait d'autre chose, suggère le petit garçon en rangeant ses fausses dents de vampire dans sa poche.

— Bois ton jus de pomme pendant qu'il est encore tiède, suggère Cyrus.

Les gens âgés atteints de maladies de l'œil, comme la cataracte ou le glaucome, risquent de devenir extrêmement sensibles à la lumière. Les gens souffrant de migraines peuvent développer une photophobie, une crainte maladive de la lumière.

De quoi est fait le fusain ?

— Ne bougez pas, mes petits ! ordonne gentiment Cyrus à Gratte-Bedaine et à Alice. Ce ne sera plus très long…

Cyrus a décidé d'offrir à Paola, en guise de cadeau de départ, un portrait au fusain de son Gratton et de la petite Alice. Gabriella et sa fille retournent au Brésil le lendemain matin.

— Tonton, fait une voix, vous êtes en haut ?

Et Tibérius monte à l'étage au galop.

— Tonton, mon cher tonton ! Je n'ai pas le droit de vous le dire, mais je le dirai quand même ! Maman est enceinte ! ! !

Cyrus laisse tomber son bâton de fusain et reste bouche bée devant son grand neveu.

— J'avais demandé un chien parce que j'avais pris l'habitude de vivre avec Gratton ! Et qu'est-ce qu'on m'annonce ? Que nous n'aurons pas de chien, mais bien un bébé ! N'est-ce pas grandiose ?

— Chère Cyclamène ! soupire Cyrus.

— Tenez ! dit Tibérius en ramassant le fusain de Cyrus. C'est fragile comme tout, votre fusain ! De quoi est-ce fait ?

— Le vrai fusain vient de la plante du même nom. C'est un arbrisseau ornemental. Je devrais d'ailleurs en planter au jardin. C'est très joli, tu sais. Ses feuilles sont sombres et luisantes. Le fusain d'Europe produit des fruits d'un rouge magnifique.

— Mais celui que je viens de prendre ressemble plutôt à du charbon !

— C'est du fusain carbonisé. Cela donne un charbon très friable, mais d'un noir profond. J'aime travailler au fusain, qui permet de rendre autant des gris légers que des noirs soutenus. Tu vois comme les yeux de Gratton ressortent ?

— Vous avez les doigts tout noirs, tonton…

— Le fusain est très instable. Il tache tout ce qu'il touche. Une fois sur le papier, il faut le fixer pour qu'il ne s'efface pas. Ceci est un vrai fusain. Mais il en existe des moins denses, donnant des noirs beaucoup moins intéressants. Il s'agit de branches de chêne, de saule, de bruyère aussi, qu'on fait carboniser. Ce qui importe, c'est de choisir des bois légers et poreux qui ne présentent pas de nœuds.

— Le crayon fusain, c'est la même chose ? demande Tibérius.

— Inventé au siècle dernier, le crayon fusain offre les mêmes caractéristiques que le crayon de graphite. On a enfermé les mines de fusain dans une gangue de bois, tout simplement.

— Cela permet de moins se tacher les doigts ?

— Entre autres choses. Mais on ajoute à ce fusain des matières qui solidifient et stabilisent le charbon. On peut ainsi obtenir des traits plus intenses et plus uniformes que ceux du fusain non traité.

— Votre Gratton est très ressemblant, remarque Tibérius.

— Et Alice ? s'inquiète Cyrus.

— Moins. Elle a trop de poils…

— Je vais corriger ça. C'est un cadeau d'adieu pour Paola. Elle part demain, tu le sais ?

— Je vous ai dit qu'elle m'a invité au Brésil pour les vacances de Noël ?

— En voilà une nouvelle ! fait Cyrus, étonné. Je croyais qu'elle ne te plaisait pas vraiment ?

— Je n'ai jamais dit une chose pareille ! s'exclame le garçon. Et puis, j'ai appris à la connaître.

— C'est vrai que vous avez passé pas mal de temps ensemble…

— Tonton, voyez donc les choses simplement. Ce n'est pas parce que vous êtes un vieux célibataire endurci que vous devez toujours penser aux amours des autres…

— Qu'est-ce qui te prouve que je suis un célibataire endurci ?

— Les mois que j'ai passés avec vous !

— Cela ne prouve absolument rien !

La sanguine est un crayon fait d'hématite rouge, un oxyde de fer de couleur rougeâtre. On l'utilise en dessin un peu comme le fusain.

À part les lucioles, existe-t-il d'autres animaux lumineux ?

Assis dans sa balançoire, Cyrus observe le ciel étoilé. Soudain, son attention est attirée par une lueur intermittente qui se déplace dans la haie.

— Qu'est-ce que c'est que ce phénomène ? marmonne le savant, fortement intrigué. Non ! Pas Ascanio ?

Une lampe de poche vissée sur sa casquette, Ascanio émerge des troènes.

— Comment avez-vous deviné que c'était moi ? s'étonne-t-il. J'espérais vous faire croire à l'existence d'une luciole géante.

— Tu as presque réussi, s'empresse de le rassurer le savant en souriant. Éteins ta lampe et viens t'asseoir.

Ascanio s'installe confortablement à côté de Cyrus, qui lui dit :

— Il n'y a pas que les lucioles qui luisent la nuit. Savais-tu que de nombreux poissons sont lumineux ? On les trouve surtout dans les très grandes profondeurs, dans les abysses, là où l'obscurité est permanente.

— Quels poissons ? demande Ascanio, fort intéressé.

— Ceux qu'on appelle des *poissons-lanternes*.

— Pourquoi ce nom ?

— Ils le doivent à ces petits organes lumineux en rangs de perles qui forment de très beaux dessins sur leur peau, répond le savant. Ces dessins sont très facilement visibles à la hauteur de la tête et de la queue. Ils varient selon les genres et les espèces.

— Où trouve-t-on ces poissons ?

— Les poissons-lanternes, sont des poissons abyssaux. Ils vivent dans les grandes profondeurs. La nuit, en quête de plancton, ils remontent très près de la surface. S'ils aperçoivent une lueur, la lumière d'un bateau, par exemple, ils se mettent à faire clignoter leurs organes lumineux, car ils croient qu'il s'agit d'un individu du sexe opposé.

— Y a-t-il d'autres poissons lumineux ?

— Un autre poisson des profondeurs possède un organe lumineux sur la langue.

— Sur la langue ! s'écrie Ascanio.

— Comme ce poisson vit, lui aussi, dans les fonds abyssaux, répond Cyrus, cet organe lui est très utile pour attirer ses proies directement dans sa gueule grande ouverte.

— Quel piège horrible !

— Les poissons vivant dans les profondeurs ne génèrent pas de la lumière dans le but de s'éclairer, mais bien pour se défendre ou pour attirer leurs proies ou leur partenaire sexuel.

— Ce sont des poissons électriques ?

— La luminescence produite par les animaux n'a rien à voir avec l'électricité, explique le savant. On parle ici de bioluminescence.

— Ah ? fait le petit.

— La lumière produite par les poissons est une lumière froide qui n'émet pas de radiations, pas de chaleur, pas de décharges électriques non plus. Elle est due à un phénomène chimique, et non pas électrique.

— Je ne risque donc pas d'être électrocuté si je rencontre un poisson lumineux?

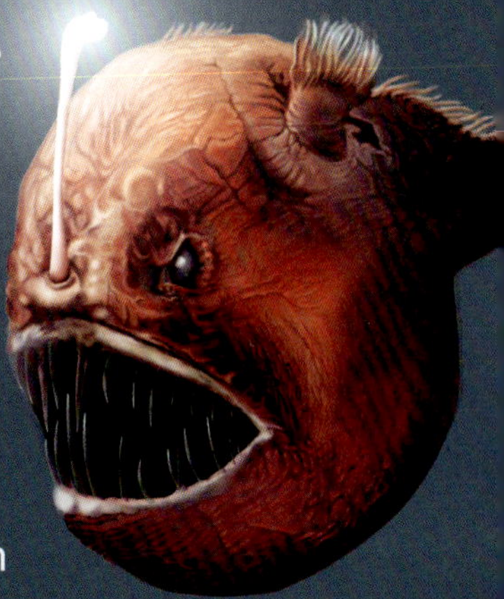

— Aucun danger. Les poissons lumineux ne produisent pas de décharges électriques.

— Ça n'a vraiment rien à voir avec l'électricité, alors, admet enfin Ascanio.

— Non, tu peux donc ranger ta torche électrique.

Les abysses sont les zones très profondes des océans, elles se situent à plus de 3000 mètres de profondeur. Là, la température est très froide et il n'y a pas de lumière. La pression y est très forte, c'est pourquoi les explorateurs marins ne s'y aventuraient pas. Jacques-Yves Cousteau fut le premier, en 1956, à photographier ce monde obscur.

Pourquoi un iceberg ne fond-il pas dans la mer comme un cube de glace dans l'eau ?

— Tu reviendras, Paola, dit Cyrus en serrant la tête de la jeune fille contre sa poitrine. Ne pleure pas…

— Je veux garder tous mes souvenirs d'ici. Je ne veux pas qu'ils fondent…

— … comme un glaçon dans un verre d'eau ? Garde-les plutôt comme de beaux grands icebergs flottant dans l'Arctique. Ils ne fondront pas de sitôt.

— Au fait, intervient Manfred, qui cache ses sentiments derrière ses lunettes, pourquoi les icebergs ne fondent-ils pas comme des glaçons dans un verre d'eau ?

Paola éclate de rire, malgré sa peine.

— Manfred, vous êtes impossible !

— Il nous reste du temps ! s'écrie Cyrus. Vous voulez une autre bière, Gabriella ? Et toi, Paola,

un autre jus d'abricot ? Vous avez encore trente minutes avant l'embarquement…

— Expliquez-nous les icebergs, alors, dit Paola. Avec une bière pour maman et un jus d'abricot pour moi.

— Manfred, interroge Cyrus, un glaçon fond dans un verre d'eau, n'est-ce pas ?

— Évidemment ! fait Manfred.

— L'iceberg, tel un immense glaçon, trempe dans la mer, un gigantesque verre d'eau et…

— … ne fond pas ! affirme Manfred.

— C'est là que vous vous trompez ! réplique Cyrus. L'iceberg fond, tout comme le glaçon.

— Je ne vous crois pas !

— Les icebergs, dit Cyrus, sont d'immenses blocs de glace qui se détachent des calottes glaciaires recouvrant les terres polaires. Manfred, lorsque vous placez un glaçon dans un verre d'eau, quelles sont les conditions météorologiques ?

— Je peux le faire quand il pleut, quand il neige, l'été, l'hiver, dans n'importe quelles conditions…, répond Manfred, interloqué.

— Je veux dire : quelles sont les conditions météorologiques pour le glaçon ?

— Il sort du congélateur, bien glacé, et… et je le plonge dans un verre d'eau froide.

— Votre iceberg, lui, est extraordinairement glacé, et il est dans de l'eau très, très froide. Vous voyez la différence ?

Manfred essuie ses lunettes, histoire de gagner du temps.

— La fonte de votre glaçon, comme celle de l'iceberg, dépend uniquement de l'écart de température entre la glace et l'eau dans laquelle elle flotte. Dans l'Arctique, l'eau n'est pas très loin du point de congélation. De plus, cette eau ne gèle pas complètement puisqu'elle est salée.

— Mais si l'iceberg descend vers le sud ? demande Manfred.

— Il fondra, exactement comme votre glaçon ! dit Cyrus. Si votre iceberg venant du nord rencontre un courant chaud dans sa descente vers le sud, il fondra, et pourra même disparaître en quelques jours.

— Parce que la différence de température entre l'iceberg et l'eau de la mer sera alors très importante ! s'écrie Paola. Tu vois, maman, c'est pour cela qu'il n'y a pas d'icebergs au Brésil !

— Tiens, tiens, je n'avais jamais remarqué, dit Gabriella en riant, moqueuse. Vous savez, Manfred, ajoute-t-elle, qu'on pense encore à déménager des icebergs dans les pays chauds et secs pour les y faire fondre ? Ce sont d'énormes réserves d'eau douce…

— Ah bon ? s'étonne Manfred en laissant tomber ses lunettes et la cendre de son cigare.

« Les voyageurs pour Rio de Janeiro sont priés de se rendre… », annonce une jolie voix d'aéroport.

— C'est l'heure, dit Cyrus.

— Alors, rendez-vous en février ? dit Paola en glissant sa main sous le bras de sa mère.

— En février ! murmure Cyrus.

Contrairement à ce que croient bien des gens, le mot *iceberg* ne vient pas de l'anglais, mais bien du norvégien : « *ijsberg* », mot qui signifie *montagne de glace*. On le prononce d'ailleurs en français comme il s'écrit : is-berg, et non à l'anglaise comme cela se fait trop souvent.

Comment fonctionnent les poumons ?

— On dirait que tu as le diable aux trousses ! lance Cyrus à Abélard, qui arrive au pas de course.

Le petit garçon a du mal à reprendre son souffle.

— Ma mère... Ma mère...

— Prends une minute pour souffler, conseille Cyrus. Tes poumons semblent sur le point d'éclater.

Petit à petit, la respiration d'Abélard retrouve son rythme normal.

— Ma mère m'envoie vous demander une gousse de vanille.

— Ce n'est que ça ! À te voir, j'étais inquiet. Je croyais que quelque chose de grave s'était produit. Attends-moi ici, je reviens.

Le savant disparaît un court moment.

— Voilà, fait-il en revenant avec la gousse de vanille.

— Merci, dit Abélard. Dites-moi, monsieur Cyrus, comment fonctionnent les poumons ?

— Marchons, propose le savant. Je t'expliquerai cela en route.

Gratte-Bedaine trottinant devant eux, le savant commence ses explications.

— On pourrait dire que les poumons sont placés à l'abri dans une boîte. Les côtes seraient les parois de la boîte. Quant au fond, eh bien, ce serait le

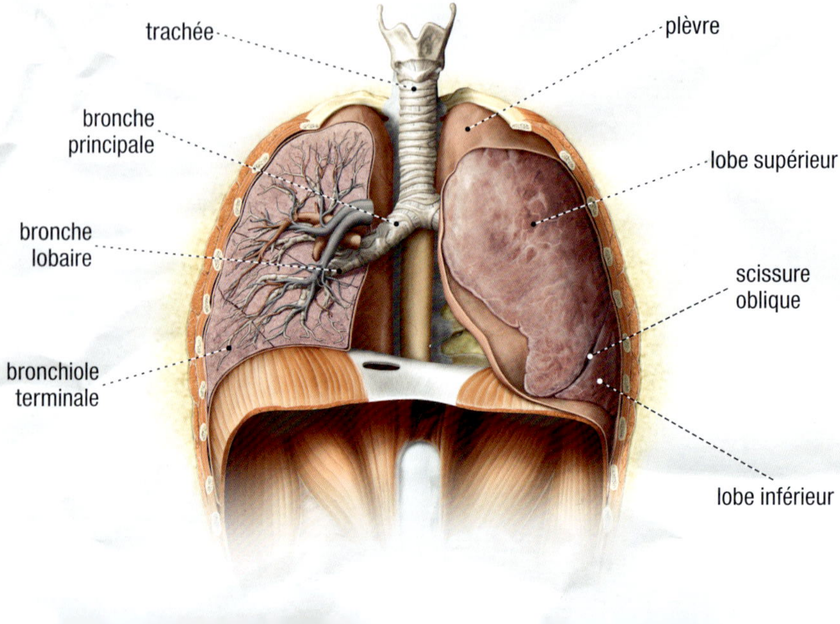

diaphragme. On nomme cette boîte *cage thoracique*.

— Qu'est-ce que c'est, le diaphragme ?

— Le diaphragme est un muscle, large et mince, qui sépare le thorax de l'abdomen. Quand on inspire de l'air, la cage thoracique s'agrandit et le diaphragme, lui, s'abaisse. Les poumons, à l'abri dans cette boîte, s'élargissent, car ils s'emplissent d'air.

— Et quand on expire ?

— Le diaphragme se détend et remonte. Il comprime alors l'air contenu dans les poumons et le chasse. On expire l'air contenu dans nos poumons.

— Je trouve que vous parlez souvent du diaphragme. C'est un mot compliqué.

— Ce muscle est essentiel à la respiration. C'est lui qui, principalement, commande les mouvements de gonflement et de dégonflement des poumons.

— Que se passe-t-il exactement ?

— Quand on inspire, l'air, qui contient de l'oxygène, passe par le nez et la bouche avant d'entrer dans la trachée, ce gros tuyau qui se divise en deux bronches.

— Je sais qu'on a deux poumons.

— Chacune des bronches se divise à son tour en conduits de plus en plus fins appelés *bronchioles*, qui se terminent en une multitude de petits sacs, les alvéoles. C'est là, dans les alvéoles, que s'effectue tout le travail des poumons, c'est-à-dire l'échange gaz carbonique-oxygène.

— Vous pouvez préciser ?

— Quand on inspire de l'air, l'oxygène pénètre dans le sang par les alvéoles. Une partie de cet oxygène est dissous, mais la majeure partie se combine à l'hémoglobine, qui, par les veines pulmonaires, le transporte au cœur, d'où il est distribué dans tout le corps.

— Ouf ! C'est tout un système ! s'exclame Abélard.

— Oh oui ! approuve Cyrus. Quand l'oxygène arrive dans une partie du corps qui en a besoin, il est libéré. Mais, en même temps, le sang qui circule dans les tissus absorbe le gaz carbonique produit par les cellules. Tu comprends un peu, Abélard ?

— Oui, monsieur Cyrus. En fait, le sang nourrit le corps et, en même temps, il fait le ménage…

— C'est bien. Tu vois, grâce aux artères pulmonaires, le sang chargé de gaz carbonique est amené du cœur vers les alvéoles pulmonaires, qui se chargent de l'expirer. Te voilà arrivé chez toi, Abélard.

— Merci pour la vanille et pour les explications, monsieur Cyrus.

Quand on est calme, on respire environ 15 fois par minute ; chaque respiration renouvelle alors un demi-litre d'air. Cependant, au cours d'une activité physique intense, le rythme respiratoire peut doubler, multipliant par 5 le volume d'air apporté aux poumons.

Est-ce que la Terre est infestée de vers de terre ?

Il est très tôt, mais il fait déjà chaud. Cyrus décide de prendre son café dans le jardin.

— Mais qu'est-ce que c'est ça ? s'écrie le savant en arrivant dehors.

Dans sa surprise, il laisse tomber sa tasse sur les dalles de la terrasse, où elle se fracasse aussitôt.

Perché sur d'immenses échasses, Ascanio surplombe la haie qui sépare la propriété de ses parents de celle de Cyrus.

— Qu'est-ce que tu fais là-haut, à cette heure matinale ? demande le savant. Tu m'as fait peur.

— Justement, moi aussi j'ai peur, rétorque Ascanio. C'est pourquoi je ne redescendrai plus jamais. Dorénavant, je marcherai toujours sur des échasses.

Cyrus ramasse les débris de sa tasse de faïence verte et il se demande ce qui peut bien tracasser son jeune voisin.

— Descends de là et viens me rejoindre, lui dit-il. Qu'est-ce qui t'effraie ainsi ?

Mais le petit garçon ne veut rien entendre.

— Je ne veux plus jamais marcher sur le sol. Il est envahi par des vers de terre. Ça grouille partout.

— C'est donc ça ! soupire le savant. Qui t'a raconté cette histoire ? demande-t-il.

— Mon père, répond le gamin. Il a lu un article qui racontait que la Terre est infestée de vers de terre. Selon cet article, 1 hectare de prairie peut contenir entre 1 et 3 millions de vers de terre ! À peu près, en tout cas…

— Je sais cela, dit Cyrus. Mais pourquoi avoir peur, Ascanio ? Les lombrics ne sont pas dangereux. Au contraire, ils sont d'une grande utilité. Sans eux, vois-tu, la terre ne pourrait pas respirer. Elle serait dure, compacte comme du béton. On ne pourrait rien y planter, rien ne pourrait y pousser. On a calculé que, pendant une seule année, les vers présents dans le sol réussissent à brasser et à aérer 400 tonnes de terre par hectare.

— J'ai peur, monsieur Cyrus, quand je songe à ces tonnes de vers qui grouillent sous nos pieds.

— Tu as trop d'imagination, Ascanio. Les lombrics n'attaquent pas les humains, voyons. Il en existe plus de 6000 espèces, et, le plus souvent, tous restent bien à l'abri dans la terre. Tu risques plus de tomber de tes échasses que d'être attaqué par des vers.

— C'est vrai. On n'en voit pas beaucoup.

— Quand je vais à la pêche, je dois retourner la terre pour arriver à en trouver. Tu n'as rien à craindre, Ascanio. Les lombrics ne sortent de terre que lorsque celle-ci est détrempée par la pluie. Les vers de terre creusent des tunnels dans la terre et ont, de ce fait, une grande importance : ce sont les « recycleurs » des éléments nutritifs que contient le sol. Ils se nourrissent de plantes en décomposition, ils brassent la terre, ils la digèrent, ils l'aèrent, ils l'engraissent avec leurs excréments et la rendent ainsi productive. Retiens bien cela, c'est important !

— Je les trouve dégoûtants !

— Je te l'accorde, ils ne sont vraiment pas très beaux, reconnaît le savant. Mais vois-les autrement : les lombrics possèdent un corps segmenté à l'intérieur duquel se trouvent un tube digestif qui traverse tout le corps, des nerfs principaux qui, en se rejoignant dans la tête de l'animal, forment un cerveau rudimentaire et, enfin, des vaisseaux sanguins qui forment des paires de petits cœurs tout le long du corps de l'animal.

— J'admets que, vus sous cet angle…

Il ne termine pas sa phrase. Cyrus, impuissant, voit l'enfant vaciller sur ses longues échasses, perdre l'équilibre et tomber la tête la première au milieu de la haie qui, heureusement, amortit sa chute.

Le *Megascolides australis*, le lombric géant de la brousse australienne, mesure environ 80 cm et plus de 2 cm d'épaisseur, mais peut atteindre jusqu'à 3 m de longueur. Un véritable monstre qui ne se retrouve que dans une région précise de l'Australie, la vallée de Bass River dans le South Gippsland.

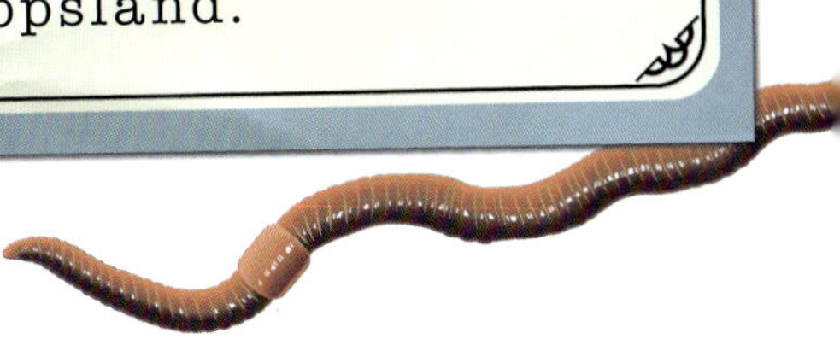

Pourquoi les avions doivent-ils rentrer leurs roues quand ils volent ?

Cyrus, Manfred et mère Marie-Madeleine profitent du coucher de soleil, allongés tous les trois sur la pelouse, devant le manoir de Broglie.

— Voyez cet avion qui file vers l'est ! dit tout à coup Manfred. Dans quelques jours, je m'envolerai moi aussi.

— Ne me dites pas que vous allez nous faire le coup de la nostalgie comme Paola ! dit la bonne moniale.

— Non, mais vous me manquerez !

— Revenez, vous aussi, en février ! l'invite Cyrus.

— Je le ferai, s'écrie Manfred en ouvrant les bras, toutes ailes dehors, toutes voiles déployées, toutes roues sorties…

— J'espère bien que non !

— Qu'arriverait-il si les avions ne pouvaient pas rentrer leur train d'atterrissage lorsqu'ils volent ? demande Manfred.

— La réponse est toute simple. Vous connaissez les principes de base de l'aérodynamique ?

— C'est-à-dire ? demande Manfred.

— Que pour fendre l'air, il faut le moins de friction possible. Pourquoi pensez-vous que les avions ont une forme qui ressemble à celle de vos cigares ?

— Pour mieux voler ?

— Exactement. Prenez le manoir, là, devant nous. Imaginez que nous voulions le faire voler.

— Ce serait bien, non ? Rentrer chez moi en manoir, dans ce lit que j'apprécie tant !

— Eh bien, vous auriez toutes les peines du monde à le faire avancer puisqu'il est carré comme un

cube de sucre. La friction serait telle qu'il vous faudrait des moteurs ultra-puissants pour que votre manoir volant se rende jusque dans votre Allemagne natale.

— Me rendrais-je même jusqu'à la moitié de l'océan ? Il me faudrait des tonnes de carburant ! remarque Manfred.

— Voilà pourquoi on cherche à éliminer le plus possible les frictions et la résistance de l'air. Manfred, poursuit Cyrus, si vous sortez le bras par la fenêtre d'une voiture qui roule à 100 kilomètres à l'heure, que sentez-vous ?

— Que la force de l'air va arracher mon bras...

— C'est la même chose dans le cas des avions. Tout, dans la fabrication d'un avion, est pensé pour éliminer ce qui pourrait freiner le vol.

— Mais les ailes ? Elles dépassent de chaque côté !

— Certes ! Il faut bien une surface pour porter l'avion sur l'air ! Pensez à un oiseau sans ailes... Les ailes des avions sont conçues, elles aussi, selon les lois les plus strictes de l'aérodynamique. Mais si les roues, et tout le train d'atterrissage, demeuraient à l'extérieur de l'avion pendant le vol, cela demanderait plus de force aux moteurs, car la résistance serait très grande. De plus, les roues risqueraient d'être arrachées.

— Vous savez vraiment tout sur tout ! s'exclame Manfred, admiratif.

— Non, mais je réfléchis, je cherche…, dit Cyrus.

— Je serai quand même bien triste de partir… Vous pourriez me rendre visite, tous les deux ?

— Moi, j'ai opté pour le Brésil, répond mère Marie-Madeleine, le regard tourné vers le sud.

— Vous serez là pour Noël ? demande Cyrus. J'aimerais bien voir Heidelberg sous la neige.

— Nos quantités de neige n'ont pourtant rien de commun avec les vôtres !

— Tout de même ! Cela doit être très beau, fait Cyrus, rêveur.

— Je vous attends donc à Noël, dit Manfred.

L'avion solaire *Solar Impulse 2* a réalisé en 2016 un tour du monde de près de 40 000 km sans la moindre goutte de carburant.

Est-ce que les poissons volants volent réellement ?

Cyrus lève les yeux au ciel et admire le magnifique cerf-volant chinois, en forme de poisson rouge, qui y évolue.

Soudain, un coup de vent imprévu rabat l'objet, qui atterrit au milieu du jardin du savant. Celui-ci s'empresse de le ramasser.

— Mon cerf-volant ! Mon cerf-volant ! hurle la voix d'un petit garçon.

— Il n'y a pas de casse, lance Cyrus pour le rassurer.

Un visage inquiet apparaît bientôt au-dessus de la grille du jardin.

— Ascanio… J'aurais dû me douter que c'était toi qui te trouvais à l'autre bout de la corde…

— Il n'est pas cassé, alors ? demande le gamin en reprenant son jouet.

Mon père me l'a rapporté hier. Il est rentré d'un voyage en Chine.

— Ton papa voyage vraiment beaucoup.

— Dites, monsieur Cyrus, est-ce que les poissons volants existent vraiment ?

— Il existe, en effet, des poissons qui volent. Mais aucun poisson ne vole aussi haut que ton cerf-volant, répond le savant.

— Pourquoi ces poissons volent-ils ?

— Au cours de l'évolution, certaines espèces ont développé la faculté de planer ou de voler pour échapper à leurs ennemis ou mieux se nourrir, explique le savant.

— Ah oui ?

— Le plus connu des poissons volants est l'exocet, poursuit Cyrus. Ses nageoires pectorales sont particulièrement développées. Le poisson sort de l'eau, mais il ne bat pas véritablement des nageoires comme un oiseau bat des ailes. Pour s'envoler, l'exocet fait vibrer ses nageoires pectorales et

accélère sous l'eau jusqu'à ce qu'il atteigne la vitesse nécessaire au vol plané. Il peut également s'aider de sa nageoire caudale.

— Celle de la queue? risque Ascanio.

— Oui, c'est elle, la nageoire caudale. L'exocet plane ainsi à une vitesse moyenne de 56 kilomètres à l'heure. Mais il peut atteindre des pointes de 90 kilomètres à l'heure.

— Mais, demande Ascanio d'une voix inquiète, lorsque les poissons sont hors de l'eau, est-ce qu'ils ne risquent pas de se faire attraper?

— En effet, c'est pourquoi la plupart des espèces de poissons volants qui vivent en mer se tiennent au large, là où ne vont pas les oiseaux. De plus, ils restent près de la surface de l'eau.

— Y a-t-il des poissons volants d'eau douce? s'enquiert Ascanio.

— Oui. Par exemple, les membres de la grande famille des poissons-hachettes.

— Je n'ai jamais entendu parler d'eux.

— C'est qu'ils sont beaucoup moins connus que l'exocet. Pourtant, les membres de cette famille volent vraiment.

— Vous voulez dire qu'ils battent des nageoires comme s'il s'agissait d'ailes ?

— Oui. On a étudié ces espèces et on les a filmées à grande vitesse : les images obtenues ont permis de constater que ces poissons se servent véritablement de leurs nageoires comme si c'étaient des ailes. Les poissons-hachettes volent à la surface de l'eau et capturent ainsi les insectes qui se trouvent là. Je dois dire que ce comportement est assez inusité chez les poissons.

— Et si on vérifiait mon cerf-volant ? suggère Ascanio.

Au cours de l'évolution, la faculté de voler est apparue chez plusieurs espèces du monde animal. Chez les ptérosauriens, reptiles volants de l'ère secondaire, chez les insectes, chez les oiseaux, mais aussi chez des mammifères comme les chauves-souris. L'homme, lui, doit se contenter d'appareils volants...

Pourquoi la température de notre corps est-elle plus élevée le soir ?

— Manfred, vous êtes tout rouge ! s'écrie Cyrus, le plumeau à la main.

Manfred éteint l'aspirateur et se laisse tomber dans le vieux fauteuil de cuir.

— Je me sens mou. J'ai chaud ! Je crois que c'est à cause de ce fichu manuscrit que Wilbrod n'a jamais voulu me rendre.

Cyrus pose sa main sur le front de Manfred.

— Vous feriez mieux de prendre votre température…

— Ne vous inquiétez pas ! Vous savez bien que notre température est toujours plus élevée le soir.

— Je sais, mais tout de même…

— Pourquoi est-elle plus élevée le soir, au fait ?

— Je vous explique, dit Cyrus en continuant d'épousseter. Nous possédons ce merveilleux thermostat qu'est l'hypothalamus, là, dans notre cerveau. C'est lui qui contrôle la température de notre corps.

— L'hypothalamus, répète Manfred.

— Tout ce que nous mangeons se transforme en énergie, et cette énergie dégage de la chaleur. Or, lorsque nous nous levons le matin, notre corps n'a pas fabriqué des tonnes d'énergie…

— Au contraire, il s'est reposé ! lance Manfred.

— Notre température est donc normale, ou un petit peu plus basse que la normale. Mais lorsque nous nous levons, nous mangeons, nous nous livrons à mille activités. Et il en va ainsi pendant presque toute la journée. Le métabolisme transforme ce que nous mangeons, les sucres, les graisses, les protéines, en énergie. C'est tout un travail.

— C'est à ce moment-là que notre température s'élève ?

— Elle s'élève tout au long de la journée. Et le soir, quand vous êtes fatigué, l'hypothalamus veille à équilibrer tout cela.

— Ainsi, nous faisons de la fièvre tous les soirs ? demande Manfred, inquiet.

— Mais non, pauvre de vous ! Entre le matin et le soir, la température ne varie en général que d'un demi-degré Celsius ! Un degré tout au plus…

— Pourquoi en parler, alors ? C'est négligeable !

— Je vous rappelle que c'est vous qui en avez parlé, riposte Cyrus. Reposez-vous un peu, je passerai l'aspirateur à votre place.

Manfred ferme les yeux.

— Manfred ! hurle aussitôt Cyrus. Le manuscrit !

Manfred bondit sur ses pieds.

— Wilbrod ? Vous êtes là ?

— Ce n'est pas Wilbrod, c'est moi, Cyrus ! Vous devez vraiment être très fiévreux. Regardez, là ! Vous voyez ces pages qui dépassent… Là, dans le lustre !

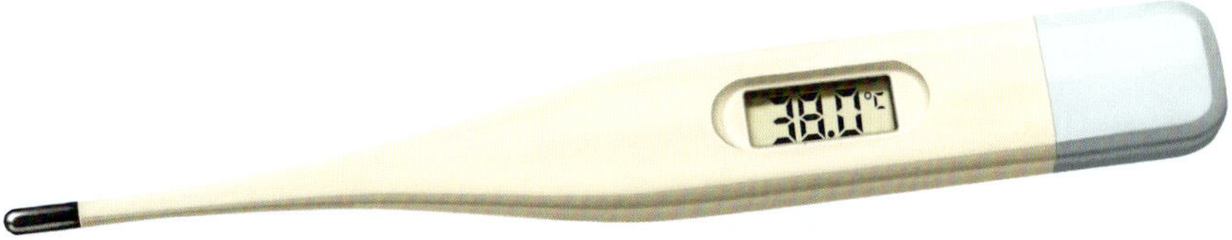

— Oh non ! Wilbrod se permet vraiment tout ! lance Manfred d'une voix découragée.

— Wilbrod ou pas Wilbrod, fantôme ou pas fantôme…

— C'est un *poltergeist*, corrige Manfred, un esprit frappeur !

— Fantôme ou *poltergeist*, c'est comme vous voudrez. Je me demande si ce n'est pas plutôt Paola qui, excédée par vos histoires de fantôme, aurait volontairement caché le manuscrit à cet endroit inattendu. Il faudra le lui demander… Je lui téléphonerai !

— Quel bonheur ! s'écrie Manfred en essuyant ses lunettes. Je pourrai en rapporter une copie chez moi.

— Nous penserons à Arnold Casse…, murmure Cyrus.

— Et à Wilbrod. Je penserai à vous, ajoute Manfred. Vous allez me manquer, Cyrus. Si vous saviez tout ce que j'ai appris avec vous. Vous n'avez jamais pensé publier tout ça ? Toutes ces réponses aux questions que l'on vous pose ?

— Non, répond simplement Cyrus.

Si la température de notre corps n'est pas assez élevée, l'hypothalamus s'occupe de nous faire frissonner suffisamment pour nous réchauffer. De la même façon, si nous avons trop chaud, il nous fera transpirer pour rétablir l'équilibre.

Imaginez la vie avec Cyrus !

Alice et moi sommes un peu tristes de te faire nos adieux. Mais ne t'en fais pas, nous avons eu une merveilleuse idée : si jamais tu t'ennuies trop de nous, tu peux venir nous retrouver dans les tomes précédents quand tu veux, nous y serons toujours !

Remerciements

Remerciements à M. Louis Marchildon, professeur émérite au département de chimie, biochimie et physique à l'Université du Québec à Trois-Rivières, qui a revu les textes concernant l'astronomie.

Merci à Ève Christian, physicienne, météorologue et chroniqueuse scientifique.

Index

Table des matières